T0197069

essentials liefern aktuelles Wissen in konzentrierter Form. Die Essenz dessen, worauf es als „State-of-the-Art" in der gegenwärtigen Fachdiskussion oder in der Praxis ankommt. *essentials* informieren schnell, unkompliziert und verständlich

- als Einführung in ein aktuelles Thema aus Ihrem Fachgebiet
- als Einstieg in ein für Sie noch unbekanntes Themenfeld
- als Einblick, um zum Thema mitreden zu können

Die Bücher in elektronischer und gedruckter Form bringen das Fachwissen von Springerautor*innen kompakt zur Darstellung. Sie sind besonders für die Nutzung als eBook auf Tablet-PCs, eBook-Readern und Smartphones geeignet. *essentials* sind Wissensbausteine aus den Wirtschafts-, Sozial- und Geisteswissenschaften, aus Technik und Naturwissenschaften sowie aus Medizin, Psychologie und Gesundheitsberufen. Von renommierten Autor*innen aller Springer-Verlagsmarken.

Alfred-Joachim Hermanni

Personal sustainability

Eine Petition für individuelle
Bedürfnisse der Gegenwart

Alfred-Joachim Hermanni
Landshut, Deutschland

ISSN 2197-6708   ISSN 2197-6716   (electronic)
essentials
ISBN 978-3-658-37988-9   ISBN 978-3-658-37989-6   (eBook)
https://doi.org/10.1007/978-3-658-37989-6

Die Deutsche Nationalbibliothek verzeichnet diese Publikation in der Deutschen Nationalbiblio-
grafie; detaillierte bibliografische Daten sind im Internet über http://dnb.d-nb.de abrufbar.

Planung/Lektorat: Frank Schindler
Springer VS ist ein Imprint der eingetragenen Gesellschaft Springer Fachmedien Wiesbaden GmbH
und ist ein Teil von Springer Nature.
Die Anschrift der Gesellschaft ist: Abraham-Lincoln-Str. 46, 65189 Wiesbaden, Germany

Was Sie in diesem *essential* finden können

- Konzept und Bedeutung der neuen Dimension „Persönliche Nachhaltigkeit".
- Gerechtigkeit als Grundprinzip nachhaltigen Wirkens.
- Moralische Gründe und gesellschaftliche Verantwortung für Sustainable Development.
- Eine kritische Prüfung der UN-Ziele für nachhaltige Entwicklung.
- Ansätze zur individuellen Ressourcennutzung.

Vorwort

Die größte Absurdität der Nachhaltigkeitsdebatte ist, dass das Individuum nicht in den Fokus der Aufmerksamkeit gestellt wird, sondern Länder, Organisationen, Unternehmen, Gesellschaften und Gruppen.

Die menschliche Existenz wird bei Nachhaltigkeitsfragen meist nur theoretisch abgehandelt, als würde der Mensch als Einzelwesen mit seinen Ansprüchen und Besonderheiten eine untergeordnete Rolle bei der Umsetzung der Nachhaltigkeitsziele der Vereinten Nationen spielen. Insbesondere das Nachhaltigkeitsverständnis widerspricht der Logik und Vernunft, denn Verantwortung für eine Entwicklung kann nicht delegiert werden, sondern ist ohne Ansehen der Umstände persönlich. Um auf ein breites Interesse für die UN-Nachhaltigkeitsziele (Sustainable Development Goals, SDGs) bei der Mehrheitsgesellschaft zu stoßen, ist es deshalb erforderlich, gerade auch die Bedarfe der größten sozialen Bevölkerungsschichten (Arbeiterschicht und Mittelstand einer Gesellschaft oder eines Staates) in die Agenda einzubinden und an den Sustainable Development Goals in persona partizipieren zu lassen.[1] Ein Verständnis von „Persönlicher Nachhaltigkeit" jenseits des Mainstreams ist vonnöten, damit Individuen ihre eigenen Ansprüche im Sinne einer Selbstfürsorge stellen können, ohne gemeinschaftliche Interessen zu beeinträchtigen, und die SDG-Ziele letztlich realisiert werden. Diese Arbeit setzt sich insofern mit der neuen Dimension „Personal Sustainable" und den damit

---

[1] Die sogenannte „Unterschicht", zu denen u. a. Menschen zählen, die in absoluter Armut leben, wurde von den Vereinten Nationen als primäre Zielgruppe festgelegt. Oberschicht und Eliten werden bei dieser Betrachtung vernachlässigt, weil diese für kleine Bevölkerungsschichten repräsentativ sind.

verbundenen Chancen und Herausforderungen für die Nachhaltigkeitsprinzipien auseinander.[2]

Eine Einleitung und Begriffsdefinitionen zur Dimension „Persönliche Nachhaltigkeit" und „Sustainable Development" bietet Kap. 1. In Kap. 2 findet ein historisch-philosophischer Diskurs zur Bedeutung der persönlichen Nachhaltigkeit statt. Ferner werden zum Themenfeld wichtige Konzepte und Gedankengänge zur Rücksichtnahme in der Antike erläutert, die unser Verständnis von nachhaltigkeitsorientiertem Verhalten beeinflussen, aber auch zentrale Problemfelder Individualismus vs. Kollektivismus sowie Solidarität vs. Entscheidungsfreiheit diskutiert. Kap. 3 widmet sich der Frage, wie es um die gesellschaftliche Verantwortung gegenüber einem Individuum bei einer nachhaltigen Entwicklung steht und inwiefern das Konzept Nachhaltigkeit funktionieren kann, ohne die Interessen von Einzelpersönlichkeiten zu respektieren und zu berücksichtigen. In Kap. 4 wird der neue theoretische Ansatz „Persönliche Nachhaltigkeit" präsentiert, der zu einer höheren Akzeptanz der Nachhaltigkeitsziele der Vereinten Nationen führen kann. Dabei verdeutliche ich, dass eine individuelle Ressourcennutzung auch das Recht auf Aus- und Weiterbildung einschließt und Nachhaltigkeitserwartungen der Generationen Y und Z als zielführende Aspekte zum Nachhaltigkeitsdiskurs zu betrachten sind. Darauf aufbauend wird das nachhaltige Subjekt gekennzeichnet. Angesichts der theoretischen und konzeptionellen Anknüpfungspunkte ziehe ich in Kap. 5 ein Fazit.

Ich wünsche den Leserinnen und Leser bei der Lektüre spannende Einblicke und inspirierende Erkenntnisse für den neuen theoretischen Ansatz zur persönlichen Nachhaltigkeit.[3]

Prof. Dr. Alfred-Joachim Hermanni

---

[2] Ich will eingangs darauf hinweisen, dass ich hinter dem ressourcenschonenden Prinzip stehe, dass nicht mehr verbraucht werden darf, als jeweils nachwachsen oder sich regenerieren kann.

[3] Aus Gründen der besseren Lesbarkeit wird auf die gleichzeitige Verwendung der Sprachformen männlich, weiblich und divers (m/w/d) verzichtet. Sämtliche Personenbezeichnungen gelten gleichermaßen für alle Geschlechter.

Inhaltsverzeichnis

Über den Autor

Prof. Dr. Alfred-Joachim Hermanni hat vor seiner Tätigkeit als Professor für Medienentwicklung – und management an der SRH Fernhochschule – The Mobile University zuletzt Unternehmer, Selbstständige und Start-ups beraten.

Weitere berufliche Stationen u. a.: Leiter der Presse- und Öffentlichkeitsarbeit des Präsidiums der Deutschen Roten Kreuzes, Leiter der Abteilung Medienpolitik der CDU-Bundesgeschäftsstelle, Chefredakteur bei PRO7, Producer & Berater bei der Verlagsgruppe von Holtzbrinck und selbstständiger Filmproduzent (z. B. TATORT, internationale Produktionen von Imagefilmen).

Herr Hermanni ist heute nebenberuflich als Kommunikationscoach zur Kundengewinnung tätig und Mitglied in diversen medien- und filmpolitischen Gremien (u. a. CSU-Filmkommission und Landesfachausschuss für Medien und Medienpolitik der CDU Baden-Württemberg). Weiterhin ist er ein gefragter Redner und Dozent (u. a. bei der IHK Niederbayern) und zählt zu den wichtigsten Persönlichkeiten der Medienbranche (u. a. laut Kressköpfe 2014/2015).

https://www.mobile-university.de/ueber-uns/hochschulteam/hermanni-alfred-joachim/

https://coach-professor.de/

https://www.xing.com/profile/AlfredJoachim_Hermanni/cv

https://www.linkedin.com/in/prof-dr-alfred-joachim-hermanni-77435090/

Einführung und Begriffsdefinition „Sustainable Development"

1

1.1 Dimension „Persönliche Nachhaltigkeit"

Das globale Projekt um ein menschenwürdiges Leben, eine intakte Umwelt und eine wertschätzende soziale Gesellschaft benötigt einen ganzheitlichen Blick. Manche sehen darin zugleich eine Chance und Herausforderung für alle wissenschaftliche Disziplinen, Nachhaltigkeit in Zusammenhängen zu analysieren, kontinuierlich zu hinterfragen und sachgerecht zu dokumentieren.

In allen Ehren ist jedoch nicht nur die Wissenschaft gefordert, sondern jeder Einzelne: Bewusst selbstdenkende Subjekte, die unter Einbeziehung werteorientierter und moralischer Aspekte Dinge kritisch beleuchten, nachhaltige Entdeckungen generieren, Empfehlungen aussprechen und umweltgerecht handeln. Das darf nicht überraschen, denn jedes Individuum steht in der hochnotwichtigen Pflicht, seinen Beitrag für das komplexe Ganze zu leisten, denn wir alle sind von den erheblichen und zugleich vielschichtigen Auswirkungen betroffen.

Die Kognitionspsychologie lehrt, dass Menschen individuelle Werte durch ihre Ansichten und Handlungen erlangen. Man argumentiert beziehungsweise führt etwas aus zum Selbstzweck, ausgelöst durch eine intrinsische Motivation. Dergestalt können aus eigenem Antrieb bspw. eigenständige, umweltfördernde Perspektiven verfolgt werden. Worauf ich damit hinauswill, ist aber, dass ich nicht neuen Wein in alte Schläuche füllen möchte, sondern die Nachhaltigkeitsdiskussion auf eine bisher unberücksichtigte, aber gravierende und zugleich unverzichtbare Einstellungsebene bringen: die Dimension „persönliche Nachhaltigkeit". In dieser Hinsicht thematisiert diese Arbeit die Frage, warum Individuen eine gravierende Bedeutung für den Erfolg oder Misserfolg der Nachhaltigkeitsziele der Vereinten Nationen zur Ressourcen-Nutzung haben.

© Der/die Autor(en), exklusiv lizenziert an Springer Fachmedien Wiesbaden GmbH, ein Teil von Springer Nature 2022
A.-J. Hermanni, *Personal sustainability,* essentials,
https://doi.org/10.1007/978-3-658-37989-6_1

Andere Optionen erscheinen als folgenschwere Zeitverschwendung, insbesondere über kollektive Anreizsysteme die Mutter Erde retten zu können. Solange der Einzelne nicht persönlich angesprochen und einbezogen wird, kann der Wettlauf gegen die Zeit nicht aufgehen. Oder, um es in Anlehnung an *Theodor Adorno* (1903–1969) auszudrücken, dass im falschen Korsett der Nachhaltigkeit ein richtiges Handeln nicht möglich sei.[1]

Das existenzielle Schlüsselwort für die nachhaltige Querschnittsherausforderung lautet: Partizipation. Die bisherigen Ergebnisse der UN-Nachhaltigkeitsziele lassen fatalerweise den Rückschluss zu, dass es eines Tages zu der ohnmächtigen Ansage kommen kann: Rien ne va plus. Meines Erachtens ist es illusorisch zu erwarten, dass sich ein weltumspannendes Nachhaltigkeitsnetzwerk von annähernd acht Milliarden Menschen in einer Wertegemeinschaft zusammenfindet, wenn dabei nicht eine Mehrheit von Erdenbürgern aus Afrika, Antarktis, Asien, Australien, Europa, Süd- und Nordamerika persönlich impliziert sind. In einzelnen Fällen – sprich Organisationen – mag das Kollaborative gelingen. Aber nicht, wenn aus den Nachhaltigkeitszielen eine universale Solidaritätsbewegung entstehen soll.

Ich werde meine Einschätzung an einem Beispiel veranschaulichen. Die Vereinten Nationen sind selbstgewiss, dass die Vision einer nachhaltigen Wirtschaft umgesetzt wird, weil neunzehntausend Unternehmen aus 170 Ländern der Global Compact-Initiative beigetreten sind.[2] Dieses Resultat wirft allerdings die Frage auf, wie diese Initiative von sich selbst überzeugt sein kann, wenn die Datenbank ORBIS weltweit mehr als 400 Mio. börsennotierte und nicht-börsennotierte Unternehmen und Entitäten auflistet, also die einundzwanzigtausendfache Zahl der bisher erreichten UN-Partnerunternehmen.[3] Habe ich Ihre Aufmerksamkeit gewonnen?

---

[1] Bei Adorno heißt es im Original: „[…] dass nämlich im falschen Leben ein richtiges nicht möglich sei."

[2] Vgl. Global Compact Netzwerk Deutschland (o. J.).

[3] Vgl. Orbis (o. J.).

1.2   Begriffsdefinition „Sustainable Development"

Die offizielle Definition des Begriffs „Sustainable Development" lieferte die Weltkommission für Umwelt und Entwicklung im Jahr 1987: „Sustainable development is development that meets the needs of the present without compromising the ability of future generations to meet their own needs."[4]

Im Jahr 1983 gründeten die Vereinigten Nationen eine unabhängige Sachverständigen-kommission für Umwelt und Entwicklung (World Commission on Environment and Development), die von der früheren Umweltministerin und damaligen Ministerpräsidentin von Norwegen, Gro Harlem Brundtland, geleitet wurde. Vier Jahre später, im April 1987, wurde der *„Brundlandt-Bericht"* publiziert und inkludierte u. a. die Forderungen nach Generationengerechtigkeit und einer umfassenden Verhaltensänderung.

In der Literatur herrscht weitgehend Einigkeit darüber, dass das Wort „Nachhaltigkeit" erstmals von *Hans Carl von Carlowitz* (1645–1714) im Jahre 1732 verwendet wurde. So sprach sich der Leiter des sächsischen Oberbergamtes in Freiberg in seinem Werk „Sylvicultura oeconomica, oder Haußwirthliche Nachricht und Naturmäßige Anweisung zur wilden Baum-Zucht" für eine beständige und nachhaltige Nutzung des Waldes aus[5]

Seit sich der Begriff Nachhaltigkeit in der Öffentlichkeit etablierte, ist dieser von hoher gesellschaftlicher Relevanz. Der Grund dafür ist denkbar einfach: Naturkatastrophen, globale Risiken und unterschiedliche Krisenerfahrungen verhalfen der Gesellschaft zu dem Bewusstsein, dass der Planet Erde akut bedroht ist. Bei den Rahmenbedingungen zur Sustainable Development unterscheidet die Organisation der Vereinten Nationen (UNO) zwischen drei Säulen der Nachhaltigkeit, die in den 1990er Jahren erörtert und erstmals 2002 beim *Weltgipfel von Johannesburg* als Maßstab für Nachhaltigkeit in internationalen Verträgen festgeschrieben wurden:

(1) Ökologische Ziele: Ein weitsichtiger, schonender und verantwortungsvoller Umgang mit den endlichen Ressourcen der Erde. Bewusste Handlungsweise mit Wasser, Energie und Rohstoffen, um Schäden am Ökosystem zu vermeiden und eine Biodiversität zu fördern

(2) Ökonomische Ziele: Eine Maximierung des ökomischen Ertrags bei gleichzeitiger Aufrechterhaltung der benötigten Eingangsressourcen. Das heißt

---

[4] UN Documents (1987). Dokument A/42/427.

[5] Carlowitz, Hans Carl von (1732).

nachhaltiges Wirtschaftswachstum, produktive Vollbeschäftigung und menschenwürdige Arbeit

(3) Soziale Ziele: Bewusste Organisation von sozialen und kulturellen Systemen im Sinne eines gemeinwohlorientierten, gerechten Handelns[6]

Nachhaltigkeit ist ein Querschnittsthema, das Bereiche wie Architektur, Bildung, Energie, Finanzen, Gesundheit, Landwirtschaft, Medien- und Kommunikationswissenschaft, Psychologie, Umwelt, Verkehr und Wirtschaft tangiert. Der massenhafte Gebrauch des Begriffs Nachhaltigkeit führte allerdings dazu, dass dieser interpretationsfähig wurde und von politischen, gesellschaftlichen oder anderen Gruppierungen je nach eigenen Interessen und Zielen unterschiedlich definiert wird. Aus diesem Grunde liegt keine weltweit einheitliche Begriffsbestimmung von Nachhaltigkeit und deren drei Säulen vor, zumal eine definitorische Unschärfe bemängelt wird.[7] Insofern ist es legitim, dass bei den Mitgliedsstaaten der Vereinten Nationen und den internationalen Organisationen unterschiedliche Vorstellungen vorliegen, wie nachhaltige Produkte und Leistungen auszusehen haben.

Zu der Bezeichnung „Sustainable Development" verabschiedete der Deutsche Bundestag eine nationale Version: „Nachhaltige Entwicklung ist eine Entwicklung, die den Bedürfnissen der heutigen Generation entspricht, ohne die Möglichkeiten künftiger Generationen zu gefährden, ihren [sic!] eigenen Bedürfnisse zu befriedigen."[8]

Getreu den UN-Richtlinien für eine „Sustainable Development" versuchen einzelne Staaten, die Folgen falscher oder unzureichender sozialer, ökonomischer und ökologischer Entwicklungen abzumildern.[9] Im Rahmen der Agenda 2023 der Vereinten Nationen wurden 17 *Sustainable Development Goals* festgemacht, darunter das Voranbringen des Wirtschaftswachstums, die Schaffung von Chancengleichheit, die Reduzierung von Disparitäten im Lebensstandard sowie ein nachhaltiges Management von natürlichen Ressourcen.[10] In diesem Sinne beschlossen einige Staaten, unter anderem Deutschland, Österreich und die Schweiz, Maßnahmen zur Umsetzung von Nachhaltigkeitsstrategien. Spätestens

---

[6] Vereinte Nationen (26.08.–04.09.2002). Ziffer 139, S. 71.

[7] Agyeman, Julian (2016), S. 186–189.

[8] Deutscher Bundestag (o. D.).

[9] Vgl. Erdgipfel (UNCED) in Rio de Janeiro (1992) und *Weltgipfel für nachhaltige Entwicklung* in Johannesburg (2002).

[10] Vgl. Generalversammlung der Vereinten Nationen (18.09.2015). *Tagesordnungspunkte 15 und 116.*

seit der Verabschiedung der UN-Agenda 2030 überbieten sich Organisationen und Unternehmen mit konkreten Vorschlägen und Initiativen zur Realisierung der Ziele für nachhaltige Entwicklung, die von Friedens- und Ernährungssicherheit bis hin zum Umweltmanagement natürlichen Ressourcen und Zertifizierungen für klimaneutrale Unternehmen reichen.

Womit wir es hier zu tun haben, sind unterschiedliche Interpretationen des Begriffs Nachhaltigkeit und um signifikante Gerechtigkeitsvorstellungen, die je nach Organisation, Institution, Unternehmen und Interessenvertretung unterschiedlich ausfallen. Einigkeit besteht aber zumeist darin, dass Nachhaltigkeit als ein übergeordneter Wert und als Corporate Identity der ganzheitlichen Debatte einzustufen ist. Befeuert wurden die lebhaften Streitgespräche durch Schlagzeilen und Buchtitel, die aufrütteln: „Macht für Nachhaltigkeit", „Nachhaltigkeitsgrundsätze durchsetzen", „Dreckige Nachhaltigkeit", „Nachhaltig abnehmen für hoffnungslose Fälle", „Die Welt ist noch zu retten", „Das nachhaltige Manifest", „Nachhaltigkeitscontrolling", „Die Agenda 2030 als magisches Viereck der Nachhaltigkeit".

An dieser Stelle muss sogleich der öffentlichen Bedrängnis und Inanspruchnahme widersprochen werden, weil sich viele Zeitgenossen übergangen – und falls überhaupt – lediglich indirekt angesprochen fühlen. Wo bleiben die Anliegen der Mehrheitsgesellschaft[11], nachdem ein globaler Plan zur Förderung nachhaltigen Friedens sowohl Wohlstands und zum Schutz unseres Planeten ohne deren Einbindung verabschiedet wurde? Unter Mehrheitsgesellschaft werden insbesondere die Arbeiterschicht und der Mittelstand einer Gesellschaft oder eines Staates verstanden, die die größten sozialen Bevölkerungsschichten stellen. Hätte nicht zu der substanziellen Überlebensfrage der Menschheit Volksentscheidungen bei den 193 Mitgliedsstaaten durchgeführt werden müssen, damit gesellschaftlichverbindliche Beschlüsse vorliegen? Und unter welchen Zielen finden sich die starken Bevölkerungsschichten wieder, wurden ihre Bedürfnisse zugeordnet oder gänzlich ausgeklammert?

Seit dem Zweiten Weltkrieg handelt es sich bei den SDG-Zielen für nachhaltige Entwicklung um das schwerwiegendste Abkommen an Gerechtigkeit und Humanität mit hohen moralischen Verpflichtungen. Doch wenn man einen Grundstein für ein humanitäres Jahrhundertwerk legen möchte, dann sollten zuvor auch die Bedarfe von allen Bevölkerungsschichten erfasst werden, um

---

[11] Gegenwärtig leben 760 Mio. Menschen in Armut laut Weltbevölkerungsuhr der Deutschen Stiftung Weltbevölkerung; insgesamt beträgt die Anzahl lebender Menschen laut UN DESA (2019) ca. 8 Mrd.

einen einvernehmlichen Plan nach Wirtschaftswachstum, sozialen Schutzsystemen, Investitionen in die Landwirtschaft und auf eine effizientere Finanzierung der Gesundheitssysteme beschließen zu können. Was überhaupt recht aufschlussreich ist, denn die Vereinten Nationen proklamieren eine mangelnde Beteiligung an Entscheidungsprozessen, halten sich aber selbst nicht daran.[12]

Liest sich ausgezeichnet in der Theorie, aber die Mehrheitsgesellschaft wurde nicht an einer Entscheidungsfindung zu den 17 Zielen für nachhaltige Entwicklung beteiligt und führt bei dem UN-Plan ein Nischendasein. Darf in einem solchen Fall von Ungleichheitsbehandlung gesprochen werden? Und zugleich erwächst eine Sehnsucht nach einer konstruktiven Auseinandersetzung mit den Sustainable Development Goals, einer gebotenen Erweiterung der bisherigen Daseinsweise, um einen besseren Blick auf die Problemlösung zu eröffnen. Schließlich und endlich sind vor dem überlebensnotwendigen Konzept für Lebewesen und den Planeten Erde alle gleich.

Um es gleich vorwegzunehmen: Im vorliegenden Beitrag geht es ausschließlich um die Frage, inwiefern die menschliche Individualität der heutigen Generationen innerhalb des politisch-gesellschaftlichen Nachhaltigkeitsverständnisses Berücksichtigung findet und auf welche Weise dieser Faktor erkenntnisgewinnend behandelt werden kann. Mein nachfolgender Ansatz will entgegenwirken, dass die Bedürfnisse und Erwartungen von Individuen vernachlässigt, wenn nicht sogar übergangen werden

---

[12] Vgl. Vereinte Nationen (o. J.). SDG-Ziel 1: Armut in all ihren Formen und überall beenden.

Historisch-philosophischer Diskurs 2

2.1 Konzept und Bedeutung des Begriffs „Persönliche Nachhaltigkeit"

Als Individuum bin ich Wächter und Lenker meines eigenen Schicksals

Person-Umwelt-Beziehungen stehen mit steigender Tendenz im Fokus der Betrachtungen zur persönlichen Nachhaltigkeit, nachdem trotz vieler Aufklärungskampagnen die erwünschten Effekte nach umweltgerechtem Handeln nicht erreicht wurden. Nun wird in dieser Debatte auch großes Interesse an einer Lösung, ebenda dem Aufzeigen von Einflussfaktoren, geäußert, die ein umweltgerechtes Verhalten fördert.

Erst in der systemischen Betrachtung des Untersuchungsgegenstandes kann ein Mensch als Einzelwesen wahrnehmen, dass allein durch eine individuelle Interpretation und Anwendung der UN-Nachhaltigkeitsziele eine beabsichtigte Wirkung erreicht werden kann. Das liegt schlicht daran, dass persönliches Erleben und Bewusstsein die Verhaltensebene[1] formen, insofern auch die Interaktion des Organismus mit der Umwelt[2]. Es sind die strukturell angelegten Defizite, die bei der Debatte zum verantwortungsvollen Umgang mit natürlichen und humanen Ressourcen eine persönliche Nachhaltigkeit postulieren, die in der signifikanten Frage mündet: Was kann ich selbstständig tun, um nachhaltige Entwicklung voranzubringen?

Wie ich in der Veröffentlichung darlegen werde, müssen gesellschaftliche Wirksamkeitstheorien und kollektive Verhaltenskonzepte in individuelle Selbstreflexionen und Handlungsoptionen transformiert werden, damit sie sich überhaupt auf das persönliche Verhalten auswirken können. Der Klarheit dient auch die

---

[1] Vgl. Dorsch (o. J.).

[2] Vgl. Watson, John B. (1925).

A.-J. Hermanni, *Personal sustainability,* essentials,
https://doi.org/10.1007/978-3-658-37989-6_2

Trennung zwischen dem individuellen und gemeinschaftlichen Umfeld und den damit verbundenen Entscheidungen und Verantwortlichkeiten.

Ein zeitgemäßes Verständnis von *Personal Sustainability* beinhaltet das Bewusstsein, dass Menschen durch Sprache und Sitten verbundenen Völkern angehören, dabei in unterschiedlichen familiären, kulturellen und religiösen Systemen aufwachsen und sich im Laufe der Zeit mit individuellen Einstellungen, Gefühlen und Handlungsweisen weiter entfalten. Die persönliche Nachhaltigkeit basiert auf eigenen Idealen und konkreten Grundeinstellungen zur Zukunftsfähigkeit des Planeten Erde, schließt aber Berührungspunkte zu den SDG-Zielen nachhaltiger Entwicklung keinesfalls aus. So tragen Individuen auf freiwilliger Basis zur Lösung globaler Probleme bei.

Die höchsten Individualismus-Werte erreichten angelsächsische Länder wie USA, Australien, Großbritannien und Kanada.[3] In gewisser Weise haben Wissenschaftler des Vereinigten Königreichs und Vertreter des Empirismus wie *David Hume* (1711–1776), *John Locke* (1632–1704) und *Isaac Newton* (1643–1727) das geistige Fundament für eine individualistisch geprägte Gesellschaft gelegt.

In der Jetztzeit erleben wir ein Phänomen, dass Menschen einerseits nach empathischen Verhaltensweisen streben, aber andererseits schwerlich goutieren, wenn persönliche Nachhaltigkeitskonzepte artikuliert werden. Die Zweischneidigkeit dieser Absurdität liegt auf der Hand: Mit den Sustainable Development Goals verpflichtete sich die Weltgemeinschaft für eine bessere Zukunft, der Mensch aber mit seinem „Ich" blieb unberücksichtigt.

Wenn man die Lebensentwürfe insbesondere der jüngeren Generationen ernst nimmt, wird persönliche Nachhaltigkeit zu einem Leitthema. „Persönlich", das meint: für jemandes Person kennzeichnend, in eigener Sache präsent sein, individuelle Interessen vertretend. Gerade weil sich diese Form der Nachhaltigkeit unter den gegebenen Rahmenbedingungen und Herausforderungen im politischen, wirtschaftlichen und sozialen Umfeld gestalten wird, impliziert sie damit von Anfang an ein „Abstand nehmen" von einer rein egozentrischen Interessenverfolgung.

Gleichwohl darf dieses Begehren nicht irrtümlich verwechselt werden mit einer Verantwortung in persona, die bspw. eine CO_2-Bilanz eines Menschen betrifft oder ein Save the nature-Engagement bei Umweltschutzprojekten. So fällt bspw. ein klimaneutraler Lebensstil unter den fest umrissenen Begriff ökologische Nachhaltigkeit und ist nicht unter persönlicher Nachhaltigkeit zu verorten. Ansonsten ergibt sich das grundsätzliche Problem, dass die Personal Sustainability allein als Aufschrei des Entsetzens über mangelnde Work-Life-Balance verhallt.

---

[3] Vgl. Von Hofstede, Geert (1980).

Der Brennpunkt unserer Aufmerksamkeit richtet sich nun auf die Werte, die unsere Zukunft prägen. Sogenannte Futuristen gehen davon aus, dass alles, was nicht digitalisiert und automatisiert werden kann, an Bedeutsamkeit und Bonität gewinnt. Dabei betonen sie immer wieder, dass zu den *„Future Skills"* vor allem zwischenmenschlichen Kompetenzen (Achtsamkeit, Kreativität, Selbstwirksamkeit) und digitale Souveränität zählen, die das Fundament unserer ökologischen, ökonomischen und sozial nachhaltigen Wirkungsbereiche bilden würden. In gewisser Weise wird ein tief greifendes Wohlergehen der Menschheit angestrebt.

Die Welt schlägt offensichtlich einen kognitiven, sozialen und emotionalen Weg ein, wenn man die Zukunftsformate der Organisation für wirtschaftliche Zusammenarbeit und Entwicklung (OECD) auf dem Gebiet Bildung und Fähigkeiten analysiert. In der ersten Phase (2015–2019) wurden vier Arten von Kompetenzen vereinbart, die die Bildungssysteme zukunftsfest gestalten sollten und das zutiefst Menschliche betreffen: Kenntnisse, Skills, Haltungen und Werte. Bei der zweiten Phase (2019 und darüber hinaus) ging es um das „Wie" und auf welche Weise Lernumgebungen gestaltet werden können.[4]

Voller entdeckter Bescheidenheit sollen Ideale und der Antike wie Gerechtigkeit und Freiheit, Wahrhaftigkeit und ethisches Handeln, Einfühlungsvermögen und Bürgersinn im traditionellen philosophischen Verständnis neu aufgeladen werden. Die *Social responsibility* gegenüber der eigenen Person, ein verantwortungsvoller Umgang mit individuellen Ressourcen und Tugenden wie Aufrichtigkeit, Bescheidenheit, Gerechtigkeit, Integrität, Moral und Resilienz, ist demzufolge zu einem Leuchtturmthema geworden, steht aber nicht auf der Agenda der Vereinten Nationen im 21. Jahrhundert.

Prekär erscheint mir, dass einerseits seitens der Vereinten Nationen soziale Ziele zur Sicherung einer nachhaltigen Entwicklung pauschal verabschiedet wurden, aber andererseits die damit einhergehende, elementare Aufgabe jedes Individuums zur Rettung unseres Planeten unberücksichtigt bleibt. Diese Einstellung bereitet mir Sorge, weil ein mehr als funktionales Verhältnis zum menschenwürdigen Dasein zur Selbstanerkennung, dem Akzeptiertwerden und zur Steigerung des Wohlbefindens erheblich beiträgt. Und weil motivierte Menschen als Einzelwesen handlungsbereit sind, ihre Kommunikations- und Konfliktlösungskompetenz zu einem uneigennützigen Zweck einzusetzen. Stattdessen appellieren die Vereinten Nationen an eine kollektive Verantwortung, die Nachhaltigkeitsaufgaben wie selbstverständlich zu respektieren und bereitwillig in die Praxis umzusetzen.

---

[4] Vgl. OECD (2020). S. 11.

Wie lautet die richtige Vorgehensweise? Ein nachhaltiges Miteinander, bei dem sich Individuen beteiligt und wertgeschätzt fühlen, oder eines, das aus gesellschaftlichen Pflichten bzw. Vorgaben zur Ressourcenschonung besteht, die strikt einzuhalten sind?

2.2 Gerechtigkeit als Grundprinzip nachhaltigen Wirkens

Gerechtigkeit ist zweifellos ein Kriterium, das für ein menschliches Ethos von überragender Signifikanz ist und als ein Maßstab für ein individuelles Verhalten betrachtet werden kann.[5]

Individuen postulieren, dass ihnen eine gerechte Gesinnung widerfahren möge, erst recht im sozialen, ökonomischen und ökologischen Sinne und Verhalten. Sie erwarten von einzelnen Wesen, aber auch von der Gesellschaft und dem Staat, dass jedermann in gleichem Maße Rechte gewährt werden, im privaten und beruflichen Alltag ebenso wie auch vor Gericht. Unstrittig ist ebenfalls, dass Gerechtigkeit in den meisten Religionen eine erstrebenswerte, positiv besetzte Wertvorstellung bekleidet.

So nachvollziehbar dieses Anforderungsprofil auch sein mag, es stellt sich dennoch als problematisch heraus, weil Subjekte differenzierte Vorstellungen davon haben, was als gerecht eingestuft bzw. empfunden wird. Die Ansichten und Fähigkeiten im Umgang mit anderen Menschen fallen sehr unterschiedlich aus und lassen nicht selten Kompetenz im zwischenmenschlichen Bereich vermissen. Allerdings lässt sich feststellen, dass bei einer genauen Bestimmung des Begriffs Gerechtigkeit ein direkter Zusammenhang zu den Soft Skills Achtsamkeit, Empathie, Fairness, Gleichheit, Objektivität, Respekt, Toleranz, Unparteilichkeit, Verantwortungsbewusstsein und Werteorientierung hergestellt wird, um das Miteinander akzeptabel zu machen. Mit Rückgriff auf *Platon* (428/427–348/347 v. Chr.) beruht die Staatsordnung auf dem Bewusstsein der gemeinsamen Werte und Ziele, wobei Gerechtigkeit das Strukturprinzip des Gemeinwesens sein soll und jeder das Seinige tut und hat: „(…) daß einem jeden weder fremdes zugeteilt noch ihm das seinige genommen werde."[6]

Im Dasein sind individuelle Werte etwas Beständiges in Form von geistigen, ideellen Sichtweisen und Überzeugungen, die sich bewährt haben und auf die ein

---

[5] Vgl. u. a. Aristoteles, Thomas Hobbes, Lawrence Kohlberg, Jean Piaget, Platon, John Rawls, Thomas von Aquin.

[6] Hülser, Karlheinz (1991).

Einzelwesen zurückgreifen kann, weil sie zuvor in persona rational oder emotional wahrgenommen, reflektiert sowie statuiert wurden. Insofern erscheint es plausibel, dass sie für eine Person bedeutungsträchtig sind. Mitunter wird beanstandet, dass es keine objektiven Werte geben kann.[7] Dabei sei in diesem Kontext dahingestellt, inwiefern es sich um objektive oder subjektive Werte handelt. Wichtiger jedoch ist, dass diese vorhanden sind. Meines Erachtens geben Werte eine zumeist permanente Orientierung, leisten Unterstützung bei komplexen Entscheidungen und verhelfen einem Einzelwesen zur Authentizität. Man darf mit allem Respekt vor dem Gedankengut der menschlichen Geschöpfe konstatieren: Damit etwas überhaupt als Wert angesehen werden kann, muss sich ein Individuum deren Substanz bewusst sein. Diese Taxierung steht im Widerspruch zu den Werten, die der Soziologe *Max Scheler* (1874–1924) als „intentionale Objekte von Gefühlen" einordnet und die einer materiellen Wertethik entspricht.[8]

Denkmuster zu einem tugendhaften Verhalten, den geltenden sittlichen Normen gemäß vorbildlich und rücksichtsvoll leben, liegen u. a. von Aristoteles, Sokrates und Platon vor. So weist bspw. *Aristoteles* (384–322 v.Chr.) darauf hin, dass die Natur von wohlerwogenen, charakterlichen Eigenschaften der Menschheit abhängig ist: „Die Tugend ist also ein Verhalten (eine Haltung) der Entscheidung, begründet in der Mitte in Bezug auf uns, einer Mitte, die durch Vernunft bestimmt wird und danach, wie sie der Verständige bestimmen würde."[9] Aristoteles weist in seinen ethischen Schriften darauf hin, dass eine vorzügliche und nachhaltige Haltung entweder durch Vernunft bestimmt wird oder durch eine Erziehung bzw. Einübung. Auf der Suche nach einer konzilianten Gesellschaft, bezeichnet in seiner Nikomachischen Ethik Gerechtigkeit als ein Stadium, das Freiheit und vor allem Gleichheit der Teile einer Gesellschaft als vorhanden annimmt, Gerechtigkeit und Gleichheit als dasselbe betrachtet[10] und alles, was wider die Gleichheit verstößt, als ungesetzlich einstuft.[11]

Darüber hinaus lässt sich in der Antike dokumentieren, dass Gerechtigkeit, Klugheit, Tapferkeit und Mäßigung zu den weiteren Kardinaltugenden zählten. Die Kirchengeschichte, die im ersten Jahrhundert mit einer Gemeinde von Anhängern des Jesus von Nazareth begann, kannte weitere Kataloge von Tugenden, zu denen insbesondere Glaube, Liebe und Hoffnung zählten.

---

[7] Vgl. u. a. Mackie, John L. (1977).

[8] Vgl. Scheler, Max (1913/1916). Der Formalismus in der Ethik und die materiale Wertethik.

[9] Aristoteles (2002), S. 141.

[10] Vgl. Aristoteles (ca. 330 v. Chr.).

[11] Vgl. Projekt Gutenberg (o. D.).

In der zeitgenössischen Geschichte liegen mehrere Konzepte vor, die Tugen-
dethik neu zu hinterfragen und der Gegenwart anzupassen. So plädiert etwa
MacIntyre (*1929) für eine zeitgemäße Wiederbelebung des ethischen Aristotelis-
mus[12], *Anscombe* (1919–2001) engagiert sich für eine philosophische Erneuerung
der Aristoteles-Thesen[13] und *Foot* (1920–2010) weist Tugenden der Nächstenliebe oder Wohltätigkeit einen gravierenden Stellenwert zu.[14] Gerechtigkeit
zum Wohl der Menschheit setzt nach *Rawls* (1921–2002) voraus, dass sich
ausschließlich freie Personen mit gleichen moralischen Werten wechselseitig
evaluieren: „Gerechtigkeit als Fairneß versucht die (latent im Common sense
schon vorhandenen) grundlegenden Vorstellungen von Freiheit und Gleichheit,
idealer sozialer Kooperation und Personalität ans Licht zu bringen, indem sie,
wie ich sagen würde, „Modellvorstellungen" ausarbeitet.[15] „[…] Wie schon
gesagt, geht *Gerechtigkeit als Fairneß* von dem Gedanken aus, dass die ange-
messenste Gerechtigkeitskonzeption für die Grundstruktur einer demokratischen
Gesellschaft diejenige ist, die ihre Bürger in einer Situation annehmen würden,
die fair ist zwischen ihnen und in der sie ausschließlich als freie und gleiche
moralische Personen dargestellt werden."[16] Zwar macht uns unsere Vorstellungskraft menschlicher, aber es übersteigt meine Einschätzung von interpersoneller
Verständigung, dass sich fremde Menschen in unterschiedlichen Situationen auf
Grundsätze der Gerechtigkeit verständigen wollen und können.

Das Konzept Gerechtigkeit bedarf überdies einer emotionalen Selbstkon-
trolle, insbesondere zur Reflexion eigener Positionen sowie Tugenden, sowie zur
Toleranz gegenüber der Freiheitsräume Andersdenkender. Gleichwohl sind eine
falsche oder übertriebene Berücksichtigung bestimmter Interessen oder Umstände
anderer Menschen und somit eine Ungleichbehandlung zu vermeiden. So kann
bspw. nicht von Frauen erwartet werden, dass sie sich aus kultureller Rücksichtnahme diskriminieren lassen, um nicht als Fremdenfeindin oder gar Rassistin
eingestuft zu werden.

Wie könnten Politik oder jedes Individuum vorgehen? Eine Gerechtig-
keitstheorie sieht als Reglement eine angemessene Verteilung von politischen,
ökonomischen und sozialen Grundgütern vor. In demokratischen Staaten werden Grundrechte wie etwa Menschenrechte, freie Entfaltung der Persönlichkeit

---

[12] Vgl. MacIntyre, Alasdair (1987).

[13] Vgl. Anscombe, Gertrude (1957), S. 9–11.

[14] Vgl. Foot, Philippa (2001).

[15] Rawls, John (1980). S. 86 f.

[16] Ebd. S. 90.

und Gleichberechtigung von Männern und Frauen garantiert. Bei einer despotisch geführten Herrschaftsordnung wird dagegen jeder Anspruch auf Protektion des Gemeinwohls negiert. Das stellt manche Organisationen und NGOs (Non-Governmental Organisations) vor eine schwierige, mitunter unlösbare Aufgabe, wenn etwa Entwicklungshilfe geleistet oder die UN-Nachhaltigkeitsziele verwirklicht werden sollen. Fragen der Gegenwart, wie bspw. Weltarmut, Klimaschutz oder Frieden, lassen sich bekanntlich jedoch nur lösen, wenn im Zuge einer Entwicklungs- und/oder Nachhaltigkeitspolitik die beteiligten Staaten „multilateral" (lateinisch: vielseitig) und gleichberechtigt zusammenarbeiten. Indessen erscheint es zumindest kontrafaktisch einfacher, dass Individuen Gerechtigkeit als Grundnorm des menschlichen Miteinanders akzeptieren. Das gilt insbesondere auch für die individuellen Nachhaltigkeitsziele, um einen legitimen Ausgleich zwischen den divergierenden gesellschaftlichen Interessen herzustellen und um Menschen kongenial zu behandeln.

2.3 Individualismus vs. Kollektivismus

2.3.1 Theorie des Individualismus

Auf welche Weise lässt sich die Individualität bzw. Persönlichkeit eines Menschen ansatzweise umreißen?

Das Lexikon der Psychologie *Dorsch* beschreibt *Individualität* im philosophisch-weltanschaulichen Sinne als „die Eigenart des Handelns (Handlung) und Verhaltens, Agierens und Reagierens eines Menschen."[17] Mitgedacht ist dabei eine Einzigartigkeit, die ihn von Geburt an auszeichnet, und die durch familiäre Erziehung, Ausbildung, Arbeit und gesellschaftliche Einflüsse kultiviert wird.

Ein Bedürfnis nach der Freiheit des einzelnen „Liberté, Egalité, Fraternité" ist der Wahlspruch der heutigen Französischen Republik sowie der Republik Haiti. Während der Phase der Französischen Revolution (1789–1799) erlangte die Parole vor allem durch Maximilien de Robespierre an Bekanntheit. Eine artverwandte Losung ist ebenfalls in der Unabhängigkeitserklärung der Vereinigten Staaten (04.07.1776) mit dem nachdrücklich zum Ausdruck gebrachten Anspruch „Life, Liberty and the Pursuit of Happiness" festzumachen. Aber auch Parteien würdigen das Selbstverständnis des Einzelnen nach Unabhängigkeit und nach besonderen Rechten, die jedermann zustehen. So hat bspw. die

---

[17] Dorsch (o. J.).

Sozialdemokratische Partei Deutschlands die Grundwerte „Freiheit, Gerechtigkeit, Solidarität" im Grundsatzprogramm festgeschrieben als Kriterium für die Beurteilung der politischen Wirklichkeit und Maßstab für eine bessere Ordnung der Gesellschaft.[18]

Entgegen der weit verbreiteten Meinung, dass das gemeinschaftliche Interesse über den Freiheiten der Individuen stehe, bedarf eines Widerspruchs. Menschen, die sich in Gruppen zusammenschließen, sind assoziierte Individuen auf freiwilliger Basis und keine, die zwanghaften Arrangements unterliegen. Summa summarum unterliegt das Einzelwesen zwar der staatlichen Rechtsprechung, gibt aber dadurch nicht Teile seiner individuellen Rechte auf.

Persönlichkeitsmerkmale zeigen sich in den eigenen Interessen, innersten Grundeinstellungen, politischen sowie religiösen Überzeugungen, im sozialen Verhalten, dem subjektiven Selbstbild und dem eigenständigen Kommunikationsstil. Eine Conditio sine qua non, die dem Prinzip eines individuellen Agierens in einem Gemeinwesen im Sinne einer weitgehenden Unabhängigkeit von äußeren Einflüssen und somit Verantwortung für sich selbst entspricht. Der Individualismus scheint in den letzten Jahrzehnten zugenommen zu haben, doch die meisten Untersuchungen, die diesen Wandel dokumentieren, haben sich auf das Studium einer Handvoll hochentwickelter Länder beschränkt.

Wird die Welt individualistischer werden und wenn ja, warum? Um diese Frage zu beantworten, haben *Santos, Varnum und Grossmann* Datenmaterial zu individualistischen Praktiken und Werten aus 51 Jahren in 78 Ländern untersucht.[19] Die Ergebnisse legen nahe, dass der Individualismus in den meisten der von den US-Psychologen getesteten Gesellschaften tatsächlich zunimmt. Dabei scheint die zunehmende Entfaltung der eigenen Persönlichkeit mit verschiedenen Kulturindikatoren eines Landes zusammenzuhängen: sozioökonomische Entwicklung, Katastrophenhäufigkeit, der Prävalenz von Krankheitserregern und klimatischen Schwankungen.[20] Trotz dramatischer Verschiebungen hin zu größerem Individualismus bleiben jedoch die interkulturellen Unterschiede beträchtlich. Die Resultate zeigen, dass diese in Werten und Normen, Kulturprodukten und Sozialisationspraktiken zum Vorschein kommen. *Hofstede* (1928–2020) wies 2001 bspw. bei einem Vergleich im Denken und sozialen Handeln, die zwischen Angehörigen von mehr als 50 Nationen bestehen, auf diesen Umstand hin.[21] Hinweise auf mögliche Veränderungen im Zusammenhang mit der

---

[18] SPD (28.10.2007).

[19] Vgl. Santos, Henri et al. (2017), S. 1228–1239.

[20] Vgl. Santos, Henri et al. (2017), S. 1236.

[21] Vgl. Hofstede, Geert (2001).

Individualismus-/ Kollektivismus-Dimension sind bspw. auch bei *Twenge* (*1971) et al. zu finden. Die Forscher stellten eine Zunahme positiver Selbstansichten bei College-Studenten aus den Jahren 1966 bis 2009 fest.[22]

Aber ist diese Erkenntnis für Organisationen wirklich von Nutzen? *Goncalo und Staw* zeigen jedenfalls in der Publikation „Individualism – collectivism and group creativity" auf, dass individualistische Gruppen, die angewiesen wurden, kreativ zu sein, kreativer waren als kollektivistische Gruppen, die die gleichen Anweisungen erhielten. Diese Ergebnisse deuten darauf hin, dass individualistische Werte von Vorteil sein können, insbesondere wenn Kreativität ein herausragendes Ziel ist.[23]

Im Voraus bedenklich kritisiert *Sigmund Freud* (1856–1939) die Kultur, immer größere soziale Einheiten zu bilden, die zu einem wachsenden Unbehagen führten und betont dabei, dass die individuelle Freiheit kein Kulturgut ist: „Es scheint nicht, dass man den Menschen durch irgendwelche Beeinflussung dazu bringen kann, seine Natur in die eines Termiten umzuwandeln, er wird wohl immer seinen Anspruch auf individuelle Freiheit gegen den Willen der Masse verteidigen."[24]

In Weiterführung des festgelegten Nachhaltigkeitsansatzes, gegenwärtige und zukünftige Bedürfnisse zu befriedigen, gewinnen große Fragen des Lebens an Bedeutung: ethische Sachverhalte des Verhältnisses von Menschen und Maschine, Fortpflanzungsmedizin, Big Data, Sterbehilfe oder Forderungen nach Einführung einer gesetzlichen Impflicht bei einer Pandemie. Diese Fragen lassen sich demokratietheoretisch diskutieren, bspw. beim *Deutschen Ethikrat,* der gemäß seinem gesetzlichen Auftrag ethische, gesellschaftliche, naturwissenschaftliche, medizinische und rechtliche Fragen sowie die voraussichtlichen Folgen für Einzelpersonen und die Allgemeinheit bearbeitet. Betrachtet man die Aufgabenstellungen, die der Ethikrat behandelt, so ist ein direkter Zusammenhang zu den individuellen Bedürfnissen erkennbar: Was ist richtig und was ist falsch aus dem Blickwinkel einer einzelnen Person? Wie leben menschliche Wesen in einer Gesellschaft zusammen? Wo sind Grenzen zwischen den allgemeinen und individuellen Interessen zu ziehen?

Aus verfassungsrechtlicher Perspektive sind mehrere Faktoren mit der persönlichen Nachhaltigkeit verknüpft, insbesondere Willensfreiheit und Unabhängigkeit des Einzelnen. *Wolfram Höfling* (*1954), Staatsrechtler und ehemals Mitglied des Ethikrats, kommentiert in diesem Kontext entsprechende Urteile des Bundesverfassungsgerichts zur Menschenwürdegarantie und zur Eigenständigkeit:

---

[22] Vgl. Twenge, Jean et al. (2012), S. 409–427.

[23] Vgl. Goncalo, Jack und Staw, Barry (23.01.2006).

[24] Vgl. Freud, Sigmund (1994).

„Vereinfachend kann man die grundrechtliche Freiheit verstehen als rechtlich
gewährleistete personale Selbstbestimmung".[25] In praxi schließt dies etwa das
Recht ein, über den eigenen Körper zu bestimmen oder eine gendergerechte
Sprache anzuwenden.

Gerade weil sich viele Plädoyers für eine individualistische Freiheit aussprechen, sind diese jedoch nicht mit Begriffen wie Egoismus, Respektlosigkeit
und Verantwortungslosigkeit gleichzusetzen, sondern eindeutig davon abzugren-
zen. Das ethische Gedanken- und Wertesystem des Individualismus fordert keine
Rechte und Privilegien auf Kosten anderer ein, sondern interagiert vernunftgemäß mit ihnen. Individualisten und Gesellschaft sind nicht alleiniger Maßstab
aller Dinge, sondern Konterparts, die sich im besten Fall auf der koopera-
tiven Recherche nach menschlichem Wohlergehen gegenseitig ergänzen und
bereichern.

2.3.2   Kollektivismus – eine Gemeinschaft unter Vorbehalt

Betrachten wir die unterschiedlichen Ausprägungen des *Kollektivismus* in der
Geschichte, sei es in sozialistischer, kommunistischer oder nationalsozialistischer
Erscheinungsform, wurde den betreffenden Arbeits-, Lebens- und Produktions-
gemeinschaften einen unbedingten Vorrang gegenüber den individualistischen
Theorien eingeräumt. Das Credo lautete stets: Persönliche Bedürfnisse gilt
es zurückzustellen und den Interessen des Gemeinwohls unterzuordnen, die
bis zur Wirtschaftsordnung der Planwirtschaft reichen. Obwohl – zumindest
philosophisch betrachtet – der Mensch frei ist.

Platon lehnt den Vorrang des Individuums vor der Gemeinschaft ab, stattdessen favorisiert er einen Staat mit einer naturgegebenen Gerechtigkeit und weisen
Regierenden. Andere Gelehrte kritisieren den Vorrang des Individuums häufig
mit dem Argument, dass es Aufgabe politischer Macht sei, soziale Ordnung
herzustellen. Einer der bedeutendsten Staatsphilosophen der Neuzeit, *Niccolò
Machiavelli* (1469–1527), schließt als politischer Ratgeber der Fürstenfamilie der
Medici andere Herrschaftsformen als die Alleinherrschaft zum Wohl des Volkes
und eines stabilen Gemeinwesens aus.[26]

Thomas Hobbes (1588–1679) betrachtet in seiner staatstheoretischen Schrift
„Leviathan or the Matter, Forme and Power of a Commonwealth Ecclesiasticall

---

[25] Höfling, Wolfram (27.11.2014).

[26] Vgl. Machiavelli, Niccolò (1978).

and Civil" die Übertragung der Entscheidungsgewalt durch einen Gesellschaftsvertrag an einen übergeordneten Menschen als eine Notwendigkeit für ein
funktionierendes System.[27] Indes konstatierte er selbst im 14. Kapitel der Gesell-
schaftsvertragstheorie eine Diskrepanz innerhalb seiner Ausführungen: „Denn
Recht besteht in der Freiheit, etwas zu tun oder zu unterlassen, während ein
Gesetz dazu bestimmt und verpflichtet, etwas zu tun oder zu unterlassen. So
unterscheiden sich Gesetz und Recht wie Verpflichtung und Freiheit, die sich
in ein- und demselben Fall widersprechen".[28] Worauf Hobbes hinaus will, war
dass die Übereinkünfte zwischen autonomen und kongenialen Personen getroffen
werden, demnach auf einer freiwilligen Basis, die sich als vernunftgemäß und
nachvollziehbar darbietet.

Bei *Rousseaus* (1712–1778) *Gesellschaftsvertrag,* der im Jahrhundert der Aufklärung entstand und als Grundlagentext der Demokratie ausgelegt wird, streiten
sich die Gemüter, inwiefern der Staatsrechtler Partei für oder gegen den Kollektivismus ergreift: „Der Mensch wird frei geboren, aber überall liegt er in
Ketten. *Manch einer glaubt, Herr über die anderen zu sein, und ist ein größerer
Sklave als sie.*"[29] Lässt sich hier ein Bekenntnis für die Freiheit des Einzelnen oder für ein Leben im Kollektivismus ableiten? Oder um äußere Einflüsse
und gesellschaftliche Zwänge, die wir mit eigener Kraft abstellen können, also
mehr Eigenverantwortung wagen? Zwar hebt Rousseau an anderer Stelle den
„allgemeinen Willen" des Volkes hervor (volonté générale), hinter die alle Indivi-
dualansprüche zurücktreten, betont aber ferner, dass die natürliche Freiheit „ihre
Schranken nur in der Stärke des Individuums findet". Angesichts all dessen, was
wir über den Gesellschaftsvertrag erfahren, wollte Rousseau womöglich gerade
durch seine widersprüchlichen Aussagen anregen, dass nachfolgende Generationen über die genaue Bestimmung von Gleichheit und Ungleichheit des Bürgers
vor dem Gesetz reflektieren und ihre eigenen Schlüsse daraus ziehen.

Zu den Gesellschaften, die besonders kollektivistisch strukturiert sind, zählen
bspw. Nordkorea, Russland und China, aber auch Japan.[30] *Karl Marx* (1818–
1883), *Wladimir Iljitsch Lenin* (1870–1924), *Mao Zedong* (1893–1976) bis zu dem
späteren *Jean-Paul Sartre* (1905–1980) und *Kim Jong-un* (*1984) akzentuierten
die Bedeutung des Kollektivs und befürworteten den Systemzwang. Als Vorbilder
für demokratische Geisteshaltungen dürften diese Personen kaum dienen.

---

[27] Vgl. Hobbes, Thomas (2019).

[28] Hobbes, Thomas (2019).

[29] Rousseau, Jean-Jacques (2010).

[30] Vgl. House, Robert et al. (Eds.). (2004).

Zeitgemäße Ansichten von Management-Wissenschaftlern legen nahe, dass Organisationen kollektivistische Werte annehmen sollten, weil sie Kooperationen und Produktivität fördern. Aus diesem Grunde sollten die Bedürfnisse der Gruppe über die des Einzelnen gestellt und individualistische Werte vermieden werden, weil sie zu destruktiven Konflikten und zum Opportunismus anstiften.[31]

Friedrich Nietzsches (1844–1900) Werke lassen bekanntlich verschiedene Interpretationen zu, so auch bei denjenigen Passagen, die das Thema Selbstbestimmung aufgreifen. Es scheint, als würde Nietzsche dieses alltägliche Phänomen weniger vernunftgemäß behandeln, sondern eher aus subtilem Blickwinkel. In toto zieht er Schlüsse, die seinem Verständnis der Unabhängigkeit des Einzelnen von jeder Art der Fremdbestimmung entsprechen, wenngleich ein prätentiöser Unterton in seinen Worten mitschwingt: „So mögen immerhin diese Möglichst-Vielen auch bestimmen, was sie unter einem erträglichen Leben verstehen. [...] Sie *wollen* nun einmal ihres Glückes und Unglückes eigene Schmiede sein; und wenn dieses Gefühl der Selbstbestimmung, der Stolz auf die fünf, sechs Begriffe, welche ihr Kopf birgt und zutage bringt, ihnen in der That das Leben so angenehm macht, dass sie die fatalen Folgen ihrer Beschränktheit gern ertragen: so ist wenig einzuwenden."[32]

Der eigentliche Konflikt dreht sich um die Frage, wie die „*Massenseele"* zu interpretieren ist. Befunde aus dem Fachbereich der Massenpsychologie, einem Teilgebiet der Sozialpsychologie, lassen den Schluss zu, dass sich in Massen der Mensch mehr anpasst, als seine eigenen Bedürfnisse zu vertreten. Das Individuum ließe sich leichtgläubiger und schneller von den eigenen Bedürfnissen abbringen und gerade in Extremsituationen von unbewussten Impulsen stark beeinflussen.[33] Streng betrachtet mehren sich die Anzeichen, dass in einer derartigen Konstellation der Mensch als Einzelwesen vorübergehend seine individuellen Rechte vernachlässigt. Es ist ein großes Verdienst von *Gustave Le Bon* (1841–1931), dass er erstmals kollektives Verhalten analysiert und dabei dokumentiert, dass soziale Gruppen eine hypothetische Wirkung auf ihre Mitglieder ausüben und Personen tendenziell zu irrationalem Handeln verleiten.[34]

Trotz alledem wird eine Problemlage signifikant: Die vielfältigen Demonstrationen gegen Corona-Maßnahmen und Protestmärsche für die sogenannte „offene

---

[31] Vgl. Locke, Edwin et al. S. 501–528.

[32] Nietzsche, Friedrich (1980).

[33] Vgl. u. a. Davis, Douglas D. und Harless, David W. (1996) oder Brudermann, Thomas (2010).

[34] Le Bon, Gustave (2009).

Gesellschaft" zeigen, dass de facto eine Ausprägung *individualistischen Kollektivismus* existiert. Bei Massenansammlungen bekunden manche Teilnehmer auf durchaus revolutionäre Weise, dass jeder für sich selbst verantwortlich ist und treten dennoch in stattlicher Anzahl Gleichgesinnter auf, die sogar in pandemischen Krisensituationen der eigenen Person am nächsten stehen. Die Symptome sind eindeutig: Wenn es dem Selbstzweck dient, wechselt ein auf den eigenen Vorteil bedachter Mensch durchaus die Seiten und schließt sich dem ansonsten befremdlichen Kollektivismus an. Offenbart sich womöglich bei Großdemonstrationen oder Shitstorms im Internet ein Bedürfnis nach einem Zusammensein in gegenseitiger Verbundenheit – demnach das totale Gegenteil einer auf die eigene Persönlichkeit ausgerichteten Haltung?

Es ist keinesfalls verfehlt anzumerken, dass der Kollektivismus in den traditionellen Anschauungen an Rückhalt einbüßt. In Teilen der afrikanischen, arabischen, asiatischen und südamerikanischen Welt ist festzustellen, dass *normsetzende Institutionen* wie Politik, Kirche oder Unternehmen an Autorität verlieren. Menschen fordern mehr und mehr Mitbestimmungsrechte und somit letztendlich Unabhängigkeit, um ihr Leben nach ihren eigenen Vorstellungen zu arrangieren. Für den Individualismus spricht vorrangig, dass die Freiheit des Einzelnen als höchstes Gut erachtet wird und sich die Willensfreiheit bspw. in westeuropäischen Gesellschaften, Australien und in den USA bewährt hat. Zugleich steht aber der Mensch in der Pflicht, für sich selbst zu sorgen und selbstverantwortlich über die Gestaltung der privaten und persönlichen Lebensphasen zu entscheiden. Das eigene Persönlichkeitsprofil muss da in keinem Widerspruch zum Gemeinsinn stehen, bei dem Familie und Freunde an Bedeutung gewinnen.

2.4 Solidarität vs. Entscheidungsfreiheit

2.4.1 Solidarität – Diskursbeobachtungen im Zeitverlauf

Ein Blick auf den Ursprung des Solidaritätsbegriffs verrät, dass die historischen Wurzeln des Terminus im *römischen Schuldrecht* „obligatio in solidum" liegen, und zwar als Haftung einer Gemeinschaft für die bestehenden Schulden eines Individuums. Den wechselseitigen Zusammenhalt und das Eintreten füreinander zwischen Individuen oder verschiedenen Gruppen tritt besonders in der Arbeiterbewegung auf, sobald die Rechte von Arbeitern und Arbeitsplätze bedroht sind. In der Retrospektive ist die polnische Gewerkschaft Solidarność ein Beispiel für eine solidarische Massenbewegung, die 1980 zum Vorboten des politischen Systemwechsels in Polen wurde.

Es spricht einiges dafür, dass der Begriff Solidarität Mitte des 19. Jahrhunderts insbesondere in Frankreich beim politischen Diskurs Erwähnung fand, aber nicht abschließend untersucht wurde.[35] An erster Stelle liefert *Léon Bourgeois* (1851–1925) der Vorstellung eine gewisse Definition und einen angemessenen Raum zur wissenschaftlichen Entfaltung. Bourgeois, der seine Arbeitskraft und sein Forschungsinteresse den Grundlagen dauerhaften Friedens widmete, veranschaulicht an einem Beispiel aus dem Gewerkschaftsbereich, dass die Gemeinschaft, die durch gemeinsame Anschauungen verbunden ist, indes durchaus ihre Grenzen der Verbundenheit kennen sollte: „Das Individuum, das in eine Gewerkschaftspresse eintritt, gibt dort nicht seine ganze Persönlichkeit auf. Es übernimmt eine bestimmte Anzahl neuer Verpflichtungen; aber diese neuen Verpflichtungen entbinden es nicht von den allgemeinen Verpflichtungen, die es bereits zuvor und außerhalb der Gruppe hatte."[36]

Solidarität ist keine Einbahnstraße, sondern eine faire Verbundenheit mit einzelnen oder mehreren Menschen aufgrund gleicher Anschauungen und Ziele. Eine fest gefügte Einheit aus Verbündeten, die gleiche Denkweisen aufweisen. Man kann leicht den Eindruck gewinnen, dass der Begriff Solidarität in einer gedanklichen Summe insbesondere humanistische, gewerkschaftliche oder moralische Merkmale aufweist. Aber diese Einschätzung ist falsch. Spätestens seit der französischen Revolution, dem wirtschaftlichen Wiederaufbau Europas nach den beiden Weltkriegen, mit der Errichtung von Sozialsystemen, der Fridays for Future- Black lives matters- oder MeeToo-Bewegungen ist der Begriff vor allem politisch besetzt. Was eben auch bedeutet, dass die Anziehungskraft solidarischer Verhaltensweisen in der aktuellen Pandemiesituation auffällig ist. Die Idee wechselseitigen Zusammenhalts ist derart omnipräsent, dass sich linke wie auch rechte Kreise den Begriff Solidarität auf die Fahnen schreiben.

Der Grund jedenfalls, warum die gegenseitige Unterstützung von Relevanz ist, liegt nach *Jürgen Habermas* (*1929) in der persönlichen Ausrichtung auf den eigenen Vorteil: „Wer sich solidarisch verhält, nimmt im Vertrauen darauf, dass sich der andere in ähnlichen Situationen ebenso verhalten wird, im langfristigen Eigeninteresse Nachteile in Kauf."[37] Wie kann von unbedingtem Zusammengehörigkeitsgefühl und wechselseitiger Verantwortung die Rede sein, wenn eine egozentrische Grundhaltung mitschwingt? Oder liege ich mit meiner Deutungsversion von Habermas Gedanken falsch?

---

[35] Vgl. Bastiat, Claude Frédéric (1801–1850), Proudhon, Pierre-Joseph (1809–1865) und Littré, Émile (1801–1881).

[36] Bourgeois, Léon (2020). S. 57.

[37] Habermas, Jürgen (2017).

Hermann-Josef Große Kracht (*1962), ein katholischer Theologe, argumentiert wiederum in einer traditionellen Weise, auch wenn ihm „die Tragfähigkeit der immer wieder emphatisch angerufenen Solidarität" langsam aufgebraucht zu sein scheint: „Die Solidarität dagegen scheint krisenfest zu sein. An ihr entzünden sich immer wieder Wünsche nach sozialer Verbundenheit, nach wechselseitiger Verantwortung, nach intensiven Gefühlen von Zusammenhalt und Zugehörigkeit über unsere Familien und Freundeskreise hinweg. An ihr entzünden sich aber auch Hoffnungen auf eine moralische Kultur wechselseitiger Achtsamkeit und Anteilnahme, sozialer Sensibilität und gemeinschaftlichen Handelns in Politik und Gesellschaft weltweit, ohne die wir nicht leben können und nicht leben wollen."[38]

In eine dialogorientierte und zugleich in eine enge Beziehung zueinandersetzende Denkrichtung gehen die Ausführungen von *Léon Bourgeois*, der Ende des 19./Anfang des 20. Jahrhunderts im Paris als Staatsmann und erster Präsident des Völkerbundrates wirkte: „Gibt es indes einen tatsächlichen Widerspruch zwischen diesem Gesetz der Solidarität der Lebewesen und dem Gesetz der freien Entwicklung des Individuums, das die Biologie ebenso klar und deutlich aufgestellt hat und welches die individualistischen Theorien gerade zum Fundament selbst der Evolution gemacht haben? Das ist nicht der Fall."[39]

Vergleichen wir die Positionen von Große Kracht mit Bourgeois, so wird deutlich, dass Solidarität zwar durchaus eine wechselseitige Verbundenheit offenbarte, aber in höchst unterschiedlichen, partiell temporär gegensätzlichen Merkmalsausprägungen. Denn wie groß ist der soziale Zusammenhalt im 21. Jahrhundert wahrhaftig, wenn Themen wie Generationengerechtigkeit, Beamtenentlohnung, Renten-, Kranken-, Arbeitslosen- und Pflegeversicherung zur Diskussion stünden? Der Soziologe *Heinz Bude* (*1954) indiziert Ausprägungen von Solidarität in einer Welt der Ungleichheit und Trittbrettfahrer, der „für sich ohne Bedenken die Vorteile und Vergünstigungen in Anspruch" nimmt, „die andere für ihn und für Menschen in ihrer oder seiner Lage erstritten haben."[40] Im Zuge seiner Belegführung verweist er bspw. auf Mitglieder von Gesundheitskassen, die sich nicht um Prävention und Kosten des Systems scheren, „die keinen Weg zu Fuß gehen, die sich vor allem von Junkfood ernähren und denen Vorsorgeuntersuchungen lästig sind" und darauf, dass „das Verständnis der kostenbewussten für die kostenphlegmatischen Beitragszahler" nicht grenzenlos sein wird.[41]

---

[38] Große Kracht, Hermann-Josef (2021).
[39] Bourgeois, Léon (1904).
[40] Bude, Heinz (2019). S. 13.
[41] Bude, Heinz (2019). S. 15.

Was im Rahmen einer Nachhaltigkeitsdebatte oberflächlich betrachtet als „Bullshit" erscheinen möge, hat einen ernsten Hintergrund. Wer als Mensch kontinuierlich zu Solidarleistungen im beruflichen und privaten Umfeld aufgefordert wird, und die Nachhaltigkeitsziele zählen ebenso dazu wie die fiskalische Solidarität gegenüber Mitgliedsstaaten der Europäischen Union, die Flüchtlingskrise, der Solidaritätszuschlag Aufbau Ost, die gesetzliche Krankenversicherung, Fridays for Future, Green Living u.v. a.m. gerät außer Balance, weil das eigene Ich zurückgedrängt wird und jemandem selbst gehörende, wahre Bedürfnisse in den Hintergrund treten.

Wahrscheinlich ist uns auch der Überblick verlorengegangen, weil in diesem Kontext zu viele ungelöste und komplizierte Fragestellungen aufgetreten sind: „Der holistische Bezug zu der Lebensgeschichte, die uns jeweils als Individuen prägt, zu dem geschichtlichen Kontext, der uns jeweils zu Zeitgenossen macht, und zu dem Modus des In-der-Welt-Seins, in dem wir uns überhaupt als Menschen vorfinden, steht in Spannung zu einer Aufsplitterung in Spezialprobleme."[42]

Werden wir bei dieser Inanspruchnahme fremdbestimmt? Zumindest fühlt man sich zum passiven Zuschauer degradiert, von dem unter Gruppenzwang ein solidarisches Handeln erwartet wird. Doch wohin soll das führen? *Dietmar Süß* (*1973) und *Cornelius Torp* (*1967) haben die Geschichte der Solidarität seit der europäischen Arbeiterbewegung des 19. Jahrhunderts aufbereitet und gelangten bei ihrem historischen Exkurs zu der Erkenntnis, dass gewandelten Vorstellungen von Solidarität zu neuen globalen Verflechtungen führen: „Die Solidarität hat in den letzten knapp 200 Jahren eine bemerkenswerte Karriere gemacht; ein großes Wort, eng verknüpft mit leidenschaftlichen Gefühlen und großen Träumen. Viele berufen sich auf sie, und schon lange sind das nicht mehr nur klassenbewusste Arbeiter, engagierte Feministinnen oder Anti-Rassismus-Aktivisten. Beinahe alle Parteien sprechen von Solidarität. […] Doch zuweilen kann man sich auch zu Tode siegen. Die Solidarität hat ihren ursprünglichen politischen Bezugsraum jedenfalls so weit überschritten, dass inzwischen selbst völkisch-nationalistische Trommler von ‚Solidarität' sprechen, wenn sie ihre Hassparolen ausspucken."[43]

Aus diesen Beispielen wird deutlich, dass die individuellen Lebenslagen zu wenig beachtet und Defizite in der Debattenkultur vorliegen. Wo fanden in öffentlichen Räumen lebhafte Diskussionen und kritische Streitgespräche zu solidarischem Verhalten statt? Und in welchen Parlamenten wurde ausgiebig thematisiert, welche Ziele und Zielgruppen die Solidarität des Staates und der

---

[42] Habermas, Jürgen (Herbst 2021/Winter 2022), S. 13.
[43] Süß, Dietmar und Torp, Cornelius (2021), S. 8.

Bevölkerung benötigen und welche nicht? Stattdessen wurden entsprechende politische Fragen schnell beraten und Entscheidungen quasi „Par ordre du mufti" gefällt.

2.4.2   Entscheidungsfreiheit – eine lebensweltliche Notwendigkeit

Selbstständig getroffene Entscheidungen fühlen sich, abgesehen von wenigen Ausnahmen (wo bspw. nachträglich der Auslöser oder Beweggrund für die Beurteilung hinterfragt wird), stimmig an. Bei autonomen Entscheidungen, bei denen eine Fremdbestimmung ausgeschlossen wird, steht das Individuum im Einklang mit sich selbst. Ausgewogene Gedanken, Taten und Worte leisten einen unentbehrlichen Beitrag zu *Mensch-Umwelt-Interaktionen* sowie umweltrelevanten Verhaltensweisen. Ein der Wirklichkeit entsprechender Entscheidungsfindungsprozess kann aber nur dann erfolgreich vollzogen werden, wenn ein Individuum die damit verbundenen Rahmenbedingungen, Einschätzungen, Alternativen und Optionen kognitiv wahrnimmt.

Theodor Adorno und *Max Horkheimer* (1895–1973) befürchteten nicht zu Unrecht, dass das Individuum in einen Art Regressionsprozess gelangt, wenn ständig neue Regeln und Vorschriften seitens des Staates und durch Organisationen aufgestellt werden: „Heutzutage tendieren die Menschen dazu, in ‚soziale Agenturen' verwandelt zu werden und die Eigenschaften der Unabhängigkeit und Resistenz zu verlieren, die das alte Konzept vom Individuum beinhaltete."[44] So kann vermutet werden, dass dieser Klassiker der Sozialforschung des 20. Jahrhunderts auch heute noch seine Gültigkeit hat, sofern Vorstellungen und Fähigkeiten aufgeklärter Individualisten über das Bestehende gefragt sind.

Die Freiheit, selbstständige Entscheidungen treffen zu können, verkörpert in einer Demokratie ein hohes Gut. In gleichem Maße schließt die Eigenständigkeit des Willens die Verantwortung ein, gesetzliche Rahmenbedingungen einzuhalten, also staatlich vorgegebene Grenzen nicht zu überschreiten.

Besitzt ein Individuum überhaupt eine Entscheidungsfreiheit bei gesellschaftlichen Zwängen, wenn es sich auf fremde Veranlassung externen Normen anpasst, um nicht von der Gemeinschaft ausgeschlossen zu werden? *Theodor Adorno,* der ideologiekritisch gegenüber autoritären Charakteren eingestellt war, mahnte im

---

[44] Adorno, Theodor (1947), S. 67–70.

Grundsätzlichen zu einer toleranten Haltung: „Bei vielen Menschen ist es bereits eine Unverschämtheit, wenn Sie Ich sagen."[45]

Ich – im Sinne einer egoistischen Grundeinstellung – mag in manchen Kreisen verpönt sein, entspricht aber immer noch den originären Bedürfnissen des Individuums, die zu befriedigen sind. Was nichts anderes bedeutet als das Bedürfnis nach menschlicher Entscheidungsfreiheit, Work-Life-Balance, Datenschutz, qualitativer Berichterstattung, sozialer Verbundenheit, aber auch nach Anerkennung und Wertschätzung. Streng betrachtet mehren sich indessen die Anzeichen für eine akribische Dynamik von „Sustainable development".

Für ein freieres und wertschätzendes Leben hatte schon *Georg Wilhelm Hegel* (1770–1831) eine Theorie entwickelt, dass Anerkennung vor allem auf dem Willen gegenseitiger Wertschätzung beruht sowie sich anderen Menschen entgegenzustellen und seine eigene Position zu behaupten: „Jedes ist dem Anderen die Mitte, durch welche jedes sich mit sich selbst vermittelt und zusammenschließt, und jedes sich und dem Anderen unmittelbares für sich seiendes Wesen, welches zugleich nur durch diese Vermittlung so für sich ist. Sie anerkennen sich als gegenseitig sich anerkennend."[46]

Mangelt es an Wertschätzung, findet eine Entfremdung statt und kann die emotionale Bindung zum Arbeitgeber, zu sozialen Gruppen oder zu einzelnen Personen verloren gehen. *Axel Honneth* (*1949) gelangt bei seiner Auseinandersetzung mit Gesellschaftstheorien zu der Erkenntnis, dass viele soziale Konflikte und Kämpfe in hohem Maße „im Fehlen von Anerkennung besteht – sei es für die Arbeit oder die eigene kulturelle oder geschlechtliche Identität […] oder der von mir vertretenen Werte."[47] Womit wir hier konfrontiert sind, ist der ausbleibende Respekt vor jemandes Persönlichkeit, die dann schnell zu einer Bevormundung ausarten kann.

Was könnte Menschen bewegen, die persönliche Einstellung zu einem präventiven Klimaschutz zu ändern, um fokussiert die Folgen des Klimawandels zu bekämpfen? Wenn wir das anstreben, was wir theoretisch für uns und die Umwelt leisten können, dann bedarf es der Entscheidungsfreiheit. Das probate Mittel für dieses Ansinnen entdeckt der Sozialpsychologe *Ajzen* (*1942) in der Theorie des geplanten Verhaltens, wobei er die Einstellung gegenüber dem Verhalten, die subjektive Norm und die wahrgenommene Verhaltenskontrolle als Bestimmungsfaktoren zu einer Verhaltensabsicht betrachtet. Weitere relevante Faktoren,

---

[45] Adorno, Theodor (1969). Minima Moralia. S. 57.
[46] Hegel, Georg (1979), S. 145–155.
[47] Honneth, Axel (Herbst 2021/Winter 2022), S. 73.

bspw. allgemeine Werthaltungen, Persönlichkeitsvariablen, situative Merkmale oder demografische Variablen, würden die Verhaltensweise konkretisieren.[48]

Andere Forscher gehen eher davon aus, dass sich umweltgerechtes Verhalten aus der Aktivierung persönlicher Normen herausbildet, bspw. durch Wahrnehmung eines Handlungsbedarfs, Verantwortungsbewusstsein für das Problem, Identifikation von Aktionen, die zur Problemlösung beitragen, oder durch eigenen Antrieb, die umweltgerechte Handlung auch letztlich ausführen zu können.[49]

Paul C. Stern (o. J.), leitender Mitarbeiter des National Research Council (NRC) der National Academies of Science und Direktor des ständigen Ausschusses für die menschlichen Dimensionen des globalen Wandels, vertritt auf dem Weg zu einer kohärenten Theorie umweltrelevanten Verhaltens die Auffassung, dass Forschungserkenntnisse um die Jahrtausendwende dazu beigetragen haben, die Faktoren zu lokalisieren, die umweltrelevantes Verhalten bestimmen und die es effektiv verändern können. Damit meint er die Werthaltungen einer Person und die automatisierte innere Einstellung, die aus Gepflogenheit bekundet wird. Nach seiner Argumentation ist es sinnvoll, die Unterscheidung zwischen Person und Kontext oder Organismus und Umwelt zu verfeinern und die kausalen Variablen in vier Haupttypen zu gruppieren:

1. Einstellungsfaktoren, einschließlich Normen, Überzeugungen und Werte, aber auch Annahmen, die sich auf die Verhaltensweise beziehen.
2. Externe oder kontextuelle Kräfte. Dazu zählen zwischenmenschliche Einflüsse, Erwartungen der Gemeinschaft, Werbung und staatliche Regulierungen.
3. Persönliche Fähigkeiten. In diesem Fall das Wissen und die Fertigkeiten, die für bestimmte Handlungen erforderlich sind, die verfügbare Zeit zum Handeln sowie allgemeine Fähigkeiten und Ressourcen.
4. Gewohnheit und Routine. Verhaltensänderungen erfordern oft das Aufbrechen alter Gewohnheiten und werden durch die Schaffung neuer Gewohnheiten gefestigt.[50]

Nachdem jedes Vorgehen geordnet und ventiliert werden muss, wird deutlich, dass die Entscheidungsfreiheit zu diesem Zweck die notwendige Bedingung ist. Inwiefern die aufgezeigten konzeptionellen Rahmen die hohen Erwartungen zeitgenössischen Person-Umwelt-Beziehungen erfüllen, wird sich in der Praxis zeigen. Weil viel davon abhängt, beurteilen zu können, was die Steuerungs-

---

[48] Vgl. Ajzen, Icek (1991). S. 179–211.
[49] Vgl. Normaktivierungsmodell von Schwartz, Shalom und Howard, Judith (1981).
[50] Vgl. Stern, Paul (2000). S. 416–417.

und Veränderungsprozesse für nachhaltigkeitsorientiertes Verhalten erklärbar und nachvollziehbar machen, wird explizit die Relevanz gebotener Normen von Autoren exponiert.[51]

Demokratische Rahmenbedingungen sehen Interessensgegensätze vor, die es zu tolerieren gilt, auch wenn es bei dem einen oder anderen Fall aus dem Alltag schwerfallen mag. Solidarität erweist sich als keine Selbstverständlichkeit, wie es Moralphilosophen insistieren, sondern als eine konstruierte Zusammengehörigkeit auf Zeit. Über dem Kuriosum der Solidarität gebietet die individuelle Freiheit der Entscheidungen, die „zumindest partiell von den individuellen Werten und Zielen abhängig sind."[52]

---

[51] Vgl. Norton, Thomas et al. (2014).
[52] Pfister, Hans-R. et al. (2017). S. 8.

Moralische Gründe und gesellschaftliche Verantwortung

3

3.1 Wahrung der Interessen von Einzelpersönlichkeiten

Verständnisvolle und gegenseitige „Rücksichtnahme" ist ein antiker Entwurf, Nachhaltigkeit aber nicht.[1]

Der Denkansatz, das *Individuelle über das Allgemeine zu stellen*, soll schon bei den griechischen Sophisten (5. bis 4. Jahrhundert v. Chr.) ein Thema gewesen sein, wobei Protagoras der Homo-mensura-Satz zugeschrieben wird: „Der Mensch ist das Maß aller Dinge, der seienden, dass sie sind, der nichtseienden, dass sie nicht sind."[2] In diesem von *Platon* in Dialogform verfassten Werk Protagoras kann man aber gewiss auch zu dem Schluss gelangen, dass der Staat nur deshalb erstrebenswert sei, damit sich die Bürger nicht gegenseitig den Schädel einschlagen.

Sigmund Freud, der Begründer der Psychoanalyse, kommt ebenfalls zu dem Schluss, dass eine menschliche Seele einen Anspruch auf Akzeptanz und Wertschätzung hat, als er das individuelle Leiden beschreibt und einen Zusammenhang zwischen psychischer Gesundheit und einer funktionierenden Rationalität konstruiert. In seinem Werk „Das Unbehagen in der Kultur" formuliert Freud wirkungsmächtig seine Bedenken gegenüber ethischen Forderungen: „Das Kultur-Über-Ich hat seine Ideale ausgebildet und erhebt seine Forderungen. Unter den letzteren werden die, welche die Beziehungen der Menschen zueinander betreffen, als Ethik zusammengefaßt. […] Ganz ähnliche Einwendungen können wir gegen die ethischen Forderungen des Kultur-Über-Ichs erheben. Auch dies kümmert sich nicht genug um die Tatsachen der seelischen Konstitution des

---

[1] Vgl. Thommen, Lukas (2011), S. 9–24 und Grassl, Herbert (2012).
[2] Diels, Hermann und Kranz, Walther (2020).

© Der/die Autor(en), exklusiv lizenziert an Springer Fachmedien Wiesbaden GmbH, ein Teil von Springer Nature 2022
A.-J. Hermanni, *Personal sustainability,* essentials,
https://doi.org/10.1007/978-3-658-37989-6_3

Menschen, es erläßt ein Gebot und fragt nicht, ob es dem Menschen möglich ist, es zu befolgen."[3]

Es hat eine besondere Qualität, dass ausgerechnet im finanz- und wissensbasierten Kapitalismus nach Auffassung der Philosophin *Rahel Jaeggi* (*1967) *Eigenverantwortung* zur Ideologie wird: „Von den Individuen wird verlangt, sich permanent neu zu erfinden und zu präsentieren. [...] Individualisierung und Kreativität – also gerade das nicht so Normierbare – sind dann die neue Form."[4] Dieser Einschätzung nach autarkem und zugleich souveränem Arbeiten ist zuzustimmen, denn immer mehr Organisationen verlangen von ihren Mitarbeitern, dass sie unternehmerisch handeln und denken.

Andererseits wächst der mächtige Druck auf den Normalbürger, Nachhaltigkeitslösungen jedweder Art schnell zu akzeptieren. Die bedrängende Beeinflussung ist zum täglichen Begleiter des Lebens geworden und macht es nicht einfacher zwischen Anspruch und Wirklichkeit. So werben etwa Lebensmittelkonzerne für ein nachhaltiges Konsumverhalten, bspw. beim Kauf regionaler Lebensmittel, bieten aber zur kostenlosen Verpackung von Obst und Gemüse noch sogenannte Knotenbeutel aus Plastik an. Zu den größten Hindernissen für Nachhaltigkeitsbemühungen wird oft aufgeführt, dass das Ausmaß der notwendigen und/oder geforderten Veränderungen zu groß sei und dass eine regulatorische bzw. politische Unsicherheit herrsche.[5]

Warum aber wird der individuelle Ansatz in der Arbeitswelt gefordert, bleibt jedoch in der privaten Welt unberücksichtigt? Wird hier bewusst zwischen beruflichen und privaten Individuen unterschieden, die in einem Ich ansässig sind? Ein vielversprechender Ansatz zur Wahrung und Durchsetzung eigener Interessen stammt von *Robert Alberti* (o. J.) und *Michael Emmons* (1938–2016), den Begründern der *Selbstbehauptungsbewegung*. Als Grundrecht bezeichnen sie die prinzipielle Gleichheit aller Menschen, die zwar durch Verfassungen in demokratischen Staaten garantiert wäre, aber im Alltag noch nicht ausreichend Beachtung fände.[6] Die Autoren betonen, dass Durchsetzungsvermögen eine wichtige soziale Fähigkeit sei und zugleich ein Werkzeug, um Beziehungen gleichberechtigter zu gestalten. Ansonsten würden wir unsere persönlichen Interessen verleugnen, gäben Positionen der eigenen Geisteshaltung auf und beschädigten das ureigenste Selbstvertrauen.

---

[3] Freud, Sigmund (1930). S. 42.

[4] Jaeggi, Rahel (Herbst 2021; Winter 2022), S. 56.

[5] Vgl. Deloitte (2022).

[6] Alberti, Robert und Emmons, Michael (1974).

Vor dem Hintergrund persönlicher Erwartungen an die eigene Persönlichkeit sind auch Selbstdarstellungsfragen zu beachten. In Anlehnung an *Laux und Schütz* unterstellt die persönlichkeitspsychologische Selbstdarstellungsforschung, dass menschliches Handeln auf eine individuelle Darstellungs- oder Selbstinterpretationsfunktion abzielt.[7] Dieser Befund ist aufschlussreich und bedeutet, dass Einzelpersonen, die sich bspw. zu Nachhaltigkeitsfragen äußern, einen Wert auf angemessene Beachtung ihrer Argumente legen. Somit liegt ein weiteres Argument für die Einführung einer persönlichen Nachhaltigkeitsdimension vor.

Neben Selbstdarstellungs- oder Selbstinterpretationsfunktion spielen weitere Indikatoren in die Theoriebildung zur persönlichen Nachhaltigkeit ein: Glück und Wohlbefinden als Referenzgrößen für eine fortschreitende Aufbruchsbewegung. Damit einher geht der Anspruch nach einem längerfristigen, möglichst anhaltenden Verständnis für ressourcenschonende Anliegen und dringende Bedürfnisse: „Wenn statt herkömmlicher primär ökonomischer Nachhaltigkeitskriterien eher Glück und Wohlbefinden als Referenzgrößen für nachhaltige Entwicklung herangezogen werden und psychologische Befunde zum Zusammenhang zwischen der Entfaltung nachhaltigkeitsrelevanter individueller Potenziale und Wohlbefinden stärker erkannt werden, darf davon ein Motivationsschub für die Nachhaltigkeitstransformation erwartet werden."[8]

Den Ansatz, Glück als *Motivationsbeschleuniger* einzusetzen, ist nicht neu. Werfen wir einen Blick auf die Ausführungen von *John Stuart Mill* (1806–1873), der den Utilitarismus im Jahre 1861 apostrophierte. Mills Begriffsbestimmung des Utilitarismus bedeutet, dass die Lebenskunst, wie er sich ausdrückt, einzig nach dem Grundsatz beurteilt wird, ob der gemeinsame Nutzen der Menschheit vermehrt wird: „Die Auffassung, für die die Nützlichkeit oder das Prinzip des größten Glücks die Grundlage der Moral ist, besagt, dass Handlungen […] in dem Maße moralisch richtig sind, als sie die Tendenz haben, Glück zu befördern, und insoweit moralisch falsch, als sie die Tendenz haben, das Gegenteil von Glück zu bewirken."[9] Der Gesamtnutzen, nach Glück zu streben und sich für das Wohl anderer nach eigenem Gusto einzusetzen, fügt sich exzellent in nachhaltige Zeiten zusammen.

Aber wir sprechen nicht von einem Egozentrismus der Selbstsüchtigen und überwiegend eigennützig Handelnden, sondern von einer Rebellion demokratisch gesinnter Kräfte gegen die Bevormundung. Menschen, egal welcher diversen

---

[7] Vgl. Laux, Lothar und Schütz, Astrid (1996).

[8] Schmuck, Peter (2018). S. 223.

[9] Mill, John Stuart (1861). S. 13–31.

Gruppe sie auch angehören, wollen nicht mehr instrumentalisiert, sondern argumentativ überzeugt werden. Das führt zu der Frage: Können Einzelwesen noch das eigene Selbst wahrnehmen, wenn sie wie Dinge behandelt werden?[10] Erkennt man erst einmal den berechtigten Anspruch nach persönlicher Nachhaltigkeit, dann erscheint dieser gar nicht so abstrus und weltfremd. Aber was hieße das konkret?

- Als handelndes Subjekt in einer Gesellschaft agieren
- Sich selbst wertschätzen und den eigenen Bedürfnissen nachgehen
- Für die eigenen Rechte und Interessen eintreten
- Gegenseitig auf respektvolle Weise in einer Gemeinschaft behaupten
- Auf das eigene Wohl und des anderen Menschen bedacht sein.

Um die fehlende Beachtung an einem Beispiel zu verdeutlichen: Tessa, 35, ist eine Senior-Managerin in einem mittelständischen Unternehmen, geschieden und weltoffen. In ihrer Freizeit engagiert sie sich für den Klimaschutz, spendet regelmäßig für die Welthungerhilfe und UNICEF, wählt eine grüne Partei und verzichtet weitgehend auf Plastikmüll. Tessa ist sich bewusst, dass sie in Sachen Nachhaltigkeit noch nicht alles perfekt macht, fühlt sich aber zunehmend von Querdenkern, Parteien und nichtstaatlichen Organisationen moralisch und rechthaberisch unter Druck gesetzt, dass sie ihr Leben umorganisieren und in den Dienst der Gesellschaft stellen soll. Bei alledem wird nicht berücksichtigt, ob sie individuelle Bedürfnisse verfolgt und eigenverantwortlich handeln möchte. Irgendwie scheint ihr Eintreten für Individualismus nach Aussagen von Beobachtern gemeingefährlich für die Allgemeinheit zu sein. Darf sie keine Freiheit mehr besitzen, eigene Interessen zu proklamieren? Muss sie sich der Welt der Meinungsführer und Stimmgewaltigen anpassen und womöglich dieser unterordnen? Oder werden diese auch ihre Belange tolerieren und Tessa einen selbstbestimmten Freiraum gewähren?

Tessa könnte zur nachhaltigen Ressourcennutzung bspw. einfordern:

- Maßnahmen zum Erhalt oder zur Verbesserung der Arbeitsfähigkeit älterer Arbeitnehmer:innen in den Kategorien „Organisation/Führung", „Kompetenzen" und „Arbeitsbedingungen"
- Lösungen für den Alltag, dass Einzelpersönlichkeiten ihrer Gesundheit oder Psyche nicht langfristig schaden

---

[10] Vgl. Verdinglichungstheorie nach Lukács, Georg (2013), S. 170–175.

- Nachhaltige Arbeitsplätze für erwerbsfähige Menschen, die auf finanzielle Unterstützungsleistungen vom Staat angewiesen sind
- Kostenlose Zurverfügungstellung von Trinkwasser an öffentlichen Plätzen
- Bezahlbare, angemessene Wohnungen für Menschen
- Die Förderung des Wohlbefindens durch ein Rauchverbot in der Öffentlichkeit
- Die Sicherstellung der Lebenserwartung durch kostenlose Vorsorgeuntersuchungen für Erwachsene
- Gleichstellung von Beamten und Beamtinnen im öffentlichen Dienst mit privatwirtschaftlich Angestellten bei den Rentenbezügen, Sozialabgaben und Versicherungszuschüssen.

Entscheidend ist, dass auf der Grundlage einer menschlichen Gemeinschaft jeder Mensch das Recht auf die freie Entfaltung seiner Persönlichkeit hat, soweit er nicht die Rechte anderer verletzt.[11] Nach allgemeinem Dafürhalten schließt eine freie Entfaltung per se Entscheidungsfreiheit ein und somit auch das Recht, über eigene Kompetenzen und Optionen zu verfügen.

Das Paradoxe an dem Recht auf Entscheidungsfreiheit ist jedoch, dass dieses häufig blockiert wird. Ich werde es an einem Beispiel verdeutlichen: Oliver Johnson ist Unternehmer und bearbeitet gerade seine Steuererklärung. Dabei stellt er fest, dass ihm eine Monatsabrechnung über Telekommunikationskosten fehlt. Folglich ruft Oliver seinen Kommunikationsanbieter an, woraufhin er sich zunächst minutenlang identifizieren muss. Nachdem die Echtheit seiner Person hinreichend festgestellt wurde, bittet er darum, dass ihm die Rechnung möglichst umgehend per Mail zugesendet wird. Doch zu seiner großen Überraschung wird Oliver mitgeteilt, dass ein elektronischer Transfer aus Datenschutzgründen nicht möglich sei. Olivers Gegenargument, dass es sich schließlich um seine persönlichen Daten handle und er allein über die Weitergabe bestimmen könne, bleibt erfolglos.

Idealiter strebt das Individuum, einer der bürgerlich-sozialen Norm entsprechenden, ausgeprägten Persönlichkeit, einen Konsens mit anderen Menschen unter der Prämisse an, dass seine Individualität nicht unrechtmäßig eingeschränkt wird. Andererseits stehen bei politischen oder unternehmensinternen Entscheidungen die besonderen und einzelnen Merkmale zu wenig im Blick, die ein Mensch als Einzelwesen neben den allgemeinen Eigenschaften besitzt. Personal Sustainability kann eine positive Sichtweise auf die Nachhaltigkeitsziele der Vereinten Nationen bewirken. Vor allem aber eine, die ohne äußeren Druck zustande kommt und einer inneren Überzeugung nach einem freieren Leben folgt.

---

[11] Vgl. Bundesministerium der Justiz und für Verbraucherschutz (23.05.1949).

Welche Einwände könnten gegen die Dimension „Persönliche Nachhaltigkeit" bestehen? Nun könnte man beanstanden, dass die Interessen eines Individuums bei den UN-Zielen für nachhaltige Entwicklung (Sustainable Development Goals, SDGs) schon vertreten werden. Dies ist aber nicht der Fall. Der Mensch als Einzelwesen und Einzelschicksal in seiner jeweiligen Besonderheit findet keine Berücksichtigung.

Das Unvorstellbare, offenbar Unbekümmerte ist eingetreten: Bei lediglich einer Beschreibung der 17 SDG-Ziele findet die individuelle Existenz des sprechenden Wesens ein Atemzug von Erwähnung, ansonsten heißt es nahezu ausschließlich „Millionen oder Milliarden von Menschen" oder schlicht „Verbraucher". Daher die unbegreifliche Verstimmung, die sich in Konsternation niederschlägt. Wer es nachlesen möchte: Beim SDG-Ziel 13 „Maßnahmen zum Klimaschutz" taucht der dezente Hinweis auf, dass sich der Klimawandel auf „das Leben jedes Einzelnen" negativ auswirkt. Bei den anderen 16 SDG-Zielen ist die Verallgemeinerung Usus und die Einzigkeit des Individuums keine Silbe wert. So gibt es erhebliche Zweifel, dass das menschliche Ich in das historische Bewusstsein der weltumspannenden Umweltrettungsorganisation gerückt wird.

Fraglich ist, warum die Vereinten Nationen auf die *generalisierende Menschheit* setzen und dabei die Interessen der Milliarden an Einzelwesen, der Vielzahl von Ichs und Dus, unbeachtet ließen, als würden wir auf zwei verschiedenen Planeten leben. Woher weiß ein Mensch, dass auch er gemeint ist, nachdem die Andersheit der Menschen „In-der-Welt-Seins", wie es *Peter Sloterdijk* (*1947) einmal formulierte, ausgeblendet wird? Warum anderen helfen und eine schicksalhafte Rettungsaufgabe übernehmen, wenn alle menschlichen Existenzen und soziale Schichten nicht den gleichen Wert besitzen?

Als Bewunderer insbesondere der griechischen Philosophen der Antike und der europäischen Aufklärung, die sich u. a. mit den Regeln des optimalen Zusammenlebens, kulturellen Lernprozessen und moralischen Werten auseinandergesetzt haben, beschäftigt mich vor allem: Werden womöglich mit dem globalen UN-Plan zur Förderung nachhaltigen Friedens und Wohlstands und zum Schutz unseres Planeten falsche Erwartungen geweckt? Will die UN ratlose, darunter mit der Notsituation überforderte Menschen, weil sie nicht alle Zeitgenossen in ihre SDG-Projekte einbezieht und mit ihnen adäquat sowie zielgerichtet kommuniziert? Wo bleibt das einheitliche Fundament auf dem Weg zu einem situationsverwandtschaftlichen und dennoch individuellen Dasein auf Erden? Und kommt es womöglich zu einer Spaltung der Gesellschaft, weil immer wieder konträre Grundüberzeugungen und gegenseitiges Misstrauen das Meinungsbild bei den großen Herausforderungen prägen, wie bspw. im Kampf gegen die Corona-Pandemie oder bei der Gestaltung einer soliden Klima- und Geopolitik? Der Gang der Ereignisse lässt eine prekäre Quintessenz zu: Vieles spricht dafür, dass die Vereinten Nationen das Individuum bei den Bekehrungsversuchen zu Nachhaltigkeitsbefürwortern nicht ernst nimmt.

3.2 Moralische Aspekte zur persönlichen Nachhaltigkeit

Zahlreiche Forscher haben sich schon mit der Frage befasst, was unter Moral zu verstehen ist. Zuhauf wenden sie den Moralbegriff im Sinne eines ethischen Verständnisses an auf der Suche nach einer Antwort, wie wir uns als Individuum verhalten oder richtig handeln sollen.

Ein anderes Verständnis von Moral hat *Friedrich Nietzsche,* der die christlichen, platonischen und kantianischen Formen von *moralischer Grundhaltung und Gesinnung* ablehnte. In seinem Werk „Jenseits von Gut und Böse" stellt er den Wert der Moral rigoros infrage und sieht darin lediglich der Wille zur Macht der Herrschenden. Als ob die Moral daran schuld wäre, dass Gut und Böse von Subjekten unterschiedlich definiert und angewendet wird.

Man sollte jedoch bedenken, dass die ethisch-sittlichen Normen, Werte oder Grundsätze einer Gesellschaft oder das sittliche Empfinden eines Individuums nicht hoch genug eingestuft werden können. Vermutlich klingt es fürs Erste befremdlich, aber Moral verdient einen gleichrangigen Status wie das Recht. Dem menschlich-ethischen Verhalten innerhalb einer Gesellschaft gebührt die kongeniale Wertschätzung wie der Rechtsordnung, weil in beiden Fällen der freie Wille nach der individuellen Rangordnung als geistiger Akt darüber befindet, inwiefern eine gedachte Handlung durchgeführt oder nicht vollzogen wird.[12] Entscheidend ist, dass sich Gutes und Böses am Anfang auf geistiger Ebene widerfahren, das Ergebnis der Reflexion den Umgang der zwischenmenschlichen Verhaltensweise beeinflusst und sich daraus moralische oder rechtliche Konsequenzen resultieren können. Andere Wesen begutachten die Handlung nach der Einhaltung ethisch-sittlicher Werte bzw. nach der Rechtsordnung, die sich auf individuelle oder gesellschaftliche Normen stützen.

Im Kontext zu der vorliegenden Publikation beschränke ich mich auf eine Dimension des Grundbegriffes verkürzt auf die Frage, was moralisches Handeln auszeichnet und was ich dabei tun oder lassen soll. So wollen sie bspw. bei

---

[12] Vgl. Aristoteles, Diogenes, Epikureismus, Kant, keltische Kultur, Locke, Sokrates, Scholastik, Schopenhauer u. a.

einer Zusammenkunft verstehen, welche Intentionen ihre Gegenüber verfolgen und die Absichten kritisch nachvollziehen, daraus Schlüsse ziehen und entsprechend kommentieren. Das macht es durchaus nicht gerade einfach, weil die Beteiligten aus unterschiedlichen Handlungsmotiven argumentieren und Begründungen aus ihren jeweiligen Normwelten nutzen, die anderen Personen, wie es zu vermuten steht, bisher verschlossen blieben. In der Konsequenz liegen keine allgemeinen anerkannten, verbindlichen Regeln für die Zusammenkunft der betreffenden Menschen vor. Sich in die Normwelten aller Akteure hineinzuversetzen und gleichzeitig die Folgen unbekannter Interessenslagen und Vorhaben abzuwägen, bedarf somit eines toleranten und extravertierten Bewusstseins, das sich im eigenen Gewissen offenbart. Ebenda verhilft die aktive Offenlegung moralischer Standards der Akteure dazu, unterschiedliche Interessen einzuordnen, Probleme zu verstehen und im bestmöglichen Fall Konflikte aufzulösen.

Es sieht indessen so aus, als würden einzelne ethisch-sittliche Werte und soziale Normen, die ein in einer Gesellschaft angemessenes Verhalten definieren, im Laufe der Zeit verblassen. Ebenso ist wahrzunehmen, dass die öffentliche Moral als Mittel der Abgrenzung gegen andersdenkende Einzelpersonen oder Gruppen an Bedeutung gewinnt. Diese Form von pauschalem moralischem Aktivismus, der zu drastischen Forderungen, übertriebenen Vorurteilen und extremen Beurteilungen ausartet, ist jedoch abzulehnen. Gleichwohl ist das sittliche Empfinden der eigentliche Beweggrund, das Wohlergehen der Menschheit und der Erde beim eigenen Handeln zu beachten sowie Argumente für eine ökonomische, ökologische und soziale Verständnis zu berücksichtigen. *Hobbes* zeigt den damit verbundenen sinnhaften Auslöser in seinem Werk Leviathan auf: „Gerechtigkeit ist der ständige Wille, einem jeden das Seine zu geben."[13] Das funktioniert nicht ohne eine kulturelle Transformation unserer Mentalität. Solch tief greifender Wandel könnte dadurch entstehen, dass wir Verantwortung für andere Lebewesen übernehmen und laut dem sogenannten Brundlandt-Bericht von 1987 u. a. darauf hinwirken, dass eine nachhaltige Entwicklung „den Bedürfnissen der heutigen Generation entspricht".

Aber übernehmen wir wirklich Verantwortung, wenn bspw. die Mensch-Umwelt-Anliegen jüngerer Generationen von Diskursen um Ressourcenverbrauch und -schonung ausgeklammert werden? Ich glaube nein und führe in Kap. 4 eine argumentative Auseinandersetzung. Ganz im Gegenteil wächst der moralische Druck auf den Einzelnen, sich am UN-Leitbild zur Nachhaltigkeit zu orientieren und ökonomisch, ökologisch und sozial korrekt zu verhalten. Ein dringender

---

[13] Hobbes, Thomas (2019).

Appell, der ein Individuum überfordert und Politik sowie Staat von ihren Pflichten weitgreifend entlastet.

Ist es nicht stattdessen geboten, die *menschliche Autonomie* anzuerkennen und zu fördern ganz im Sinne von *Immanuel Kant* (1724–1804), der die praktische Freiheit des Individuums als notwendig begründet? Kant versteht darunter das Selbstverständnis eines vernünftigen Wesens, nach selbsterhobenen Prinzipien in einem mündigen Leben zu entscheiden und sich somit als frei zu begreifen. Folgen wir dem Philosophen in seiner „Grundlegung zur Metaphysik der Sitten", dann kann ein menschlicher Wille nur dann als moralisch „gut" bezeichnet werden, wenn er allein von der Einsicht der praktischen Vernunft, die in ihm wirkt, in das sittlich Gesollte bestimmt ist.[14] Somit sind wir zwar frei in unserem Denken und Handeln, aber moralisch und juristisch[15] für unsere Taten verantwortlich, nachdem der Prozess des menschlichen und geordneten Zusammenlebens darauf beruht.

Was soll ich tun?, fragt insbesondere die Moralphilosophie und liefert unterschiedliche Positionen. *Jürgen Habermas* erwidert dazu mit einer Gegenfrage: Hängt die moralische Qualität von der Tugend des Handelnden, von seinen Absichten oder von den Folgen der Handlung ab?[16] Nach *Celikates* (*1977) *und Gosepath* (*1959) „bedarf es eines kritischen Verständnisses durch teilnehmende kritische Beobachtung, das es ermöglichen soll, die internen Geltungsansprüche der Moral sowie das Selbstverständnis moralisch urteilender Subjekte so gut es geht einzuholen und kritisch zu überprüfen."[17] *Hare* (1919–2002) wiederum verweist darauf, dass „die Probleme des Verhaltens täglich komplizierter und quälender werden", weshalb ein Verständnis der Sprache, in der diese Probleme gestellt und beantwortet werden, dringend erforderlich wird.[18] Aus dem, was bis jetzt vorgetragen wurde, folgt, dass die Mitwelt dem Menschen die moralische Verantwortung für seine Vorgehensweisen konzediert. Und somit berechtigte Gründe dafürsprechen, dem Individuum auch einen gestalterischen Freiraum bspw. bei seiner persönlichen Nachhaltigkeitsstrategie zu gewähren, weil er seine moralische Gesinnung, die zu der Strategie geführt hat, gegenüber anderen Menschen vertreten muss.

---

[14] Vgl. Kant, Immanuel (1986).

[15] Verstöße gegen formelle Normen und somit gegen ein Rechtssystem werden gesetzlich geahndet.

[16] Vgl. Habermas, Jürgen (1991), S. 100–118.

[17] Celikates, Robin und Gosepath, Stefan (2009), S. 10.

[18] Vgl. Hare, Richard (1952), S. 19.

Welcher Anspruch überwiegt bei Moralbegründungen? Der einer Gesellschaft oder der von Einzelpersonen? Zu behaupten, dass die Gesamtheit der Menschen vorrangig zu behandeln sei, kann schlicht als Wahrnehmungsfehler bezeichnet werden. Denn eine Gesellschaft setzt sich nach *Max Weber* (1864–1920) aus bewusst wollenden und gemäß ihren unterschiedlichen Intentionen handelnden Individuen zusammen.[19] Demnach – wie es auch die Soziologie bezeichnet – als einzelne Personen, die als Akteure durch unterschiedliche Merkmale miteinander verknüpft sind und direkt oder indirekt sozial interagieren. Das heißt aber nicht, einen radikalen Egoismus wie die russisch-amerikanische Philosophin *Ayn Rand* (1905–1982) zu frönen, und ausnahmslos auf das eigene Wohl und egoistische Verhaltensweisen bedacht zu sein. Eine altruistische Denk- und Handlungsweise, die auf Uneigennützigkeit beruht, war ihr gänzlich fremd.

Was in jedem Fall Schutz verlangt, ist der *Respekt vor der Moral:* „Mag man den Menschen für noch so egoistisch halten, es liegen doch offenbar gewisse Prinzipien in seiner Natur, die ihn dazu bestimmen, an dem Schicksal anderer Anteil zu nehmen, und die ihm selbst die Glückseligkeit dieser anderen zum Bedürfnis machen, obgleich er keinen anderen Vorteil daraus zieht, als das Vergnügen, Zeuge davon zu sein", sagt der Moralphilosoph *Adam Smith* (1723–1790), der die menschliche Sympathie, Mitgefühl und Solidarität in den Mittelpunkt jedes Handeln stellt.[20]

All diese Anknüpfungspunkte legen den Schluss nahe, dass die Freiheit des Individuums mit einer *kontributiven Gerechtigkeit* (iustitia contributiva) als Recht auf Mitbestimmung, aber auch als Pflicht zur Mitwirkung zusammenhängt: „Einerseits die Pflicht der Menschen, aktiv und produktiv am Gesellschaftsleben teilzunehmen, andererseits aber auch die Verpflichtung der Gesellschaft, diesen Menschen eine solche Teilnahme zu ermöglichen."[21] *Beteiligungsgerechtigkeit* ist insofern auch als ein sittlich-moralischer Ansatz zu betrachten, der es Individuen gleichberechtigt konzediert, ihre eigenen Entscheidungen ohne Einmischung Dritter zu treffen.

---

[19] Vgl. Weber, Max (1980).
[20] Smith, Adam (2010).
[21] Vgl. Anzenbacher, Arno (1997), S. 222.

3.3 Sinnhaftigkeit im gesellschaftspolitischen Nachhaltigkeitsdiskurs

Der Ausgangspunkt ist, jedermanns Definition von Nachhaltigkeit wird immer individuell und persönlich sein. Insofern ist zu akzeptieren, dass ein Mensch sich von anderen unterscheidet und aus diesem Grund wurde ein *Persönlichkeitsrecht* in der allgemeinen Rechtsprechung anerkannt, das vor Eingriffen in den individuellen Lebens- und Freiheitsbereich schützen soll.

Die herkömmliche Nachhaltigkeitspolitik bedient sich indessen Top-down-Vorgaben seitens Organisationen und Staaten. Durch diese überkommene Methode verliert jedoch den Inhalt und die Ausrichtung des Sinns im menschlichen Leben an Bedeutung, denn ein sinnerfülltes Leben ist ein wesentlicher Bestandteil für das eigene Wohlergehen. Kennzeichnend dafür ist, dass Subjekte durch ein Sinnerleben, bei dem ihnen anhand ihrer Person die Bedeutung oder der Wert einer Handlung verdeutlicht wird, physisch und psychisch gesünder sind und stressige Situationen besser bewältigen können.

Viktor Frankl (1905–1997), Psychiater und Begründer der Logotherapie, vertritt die Auffassung, dass zum Wesen eines Menschen gehöre, einen Sinn für sein Dasein zu finden. Ansonsten würde man bei Leiden krank werden und könnte daran zerbrechen. Diese These, dass Sinnerleben die Gesundheit fördert, wird durch Untersuchungen in den 2000er Jahren bestätigt, wonach Männer und Frauen ein nahezu doppelt so hohes Sterberisiko trugen, wenn ihn eine Bestimmung im Leben fehlte.[22] Noch deutlicher sieht es der Psychologe *Carl Ransom Rogers* (1902–1987), dass der Organismus des Menschen durch eine zentrale Energie gesteuert wird mit einer angeborenen Tendenz zur Selbstaktualisierung, Selbsterhaltung und Selbstverwirklichung. Für den genannten Zweck gehöre vor allem, selbstbestimmt zu leben und seine Bedürfnisse und Gefühle wahrhaftig zum Ausdruck zu bringen. Und bei alledem betont Rogers die Einzigartigkeit des Individuums und das Streben nach Autonomie.[23]

Der Mensch ist Teil der Gesellschaft, aber ebenso ein Einzelwesen mit persönlichen Wertvorstellungen und einem berechtigten *Anspruch auf Teilhabe und Autonomie*. Er braucht das Moment des Wahr- und Ernstgenommenwerdens, bei dem unaufgefordert auch für ihn ein Stück vom großen Nachhaltigkeitskuchen abfällt. Summa summarum das Handeln in individuellen Möglichkeiten und Lösungen, keineswegs in Begrenzung. Dementsprechend pocht *Judith Shklar* (1928–1992), erste Professorin für politische Theorie an der Harvard Universität,

---

[22] Vgl. Boyle, Patricia et al. (2009).

[23] Vgl. Rogers, Carl (1987). S. 69.

auf einen „Liberalismus der persönlichen Freiheit": „Jeder erwachsene Mensch sollte in der Lage sein, ohne Furcht und Vorurteil so viele Entscheidungen über so viele Aspekte seines Lebens zu fällen, wie es mit der gleichen Freiheit eines jeden anderen erwachsenen Menschen vereinbar ist."[24]

Spätestens an dieser Stelle zeigt sich, dass persönliche Nachhaltigkeit lediglich noch eine Frage des „Wie" ist. Hier legen *Neckel* (*1956) et al. den Finger in die offene Wunde, wenn sie Nachhaltigkeit als ein Problem begreifen, mit der sich moderne Gesellschaften auseinandersetzen müssen, und für das sie Lösungen benötigen: „Nachhaltigkeit sollte – mit anderen Worten – soziologisch nicht aus der gesellschaftlichen Teilnehmerperspektive heraus untersucht werden, sondern als eine *Beobachtungskategorie* dienen, die Aufschluss darüber geben kann, welcher sozialökonomische Wandel sich vollzieht, welche neuartigen Konfliktlinien entstehen und welche Ungleichheiten und Hierarchien sich herausbilden, wenn Gesellschaften der Gegenwart zunehmend Kriterien von Nachhaltigkeit in ihre Institutionen, Funktionsbereiche und kulturellen Wertemuster integrieren."[25]

3.4   Funktionieren nachhaltige Ziele überhaupt?

Die Menschheit macht es sich zu einfach, wenn sie unterstellt, dass steigende Umsatzzahlen für den Erfolg grüner Produkte am Markt aussagekräftig genug sind. Eine entsprechende Kritik an den vermeintlichen Umwelterfolgen der Politik wird seitens des *Umweltbundesamts* bestätigt: „Die gute Nachricht des vorliegenden Berichts lautet: Grüne Produkte haben in den letzten Jahren weiter zugelegt. Sie konnten bis auf wenige Ausnahmen nicht nur den Umsatz steigern, sondern auch Marktanteile hinzugewinnen. Die schlechte Nachricht lautet hingegen, dass sich dieser Markterfolg nicht in sinkenden Umweltbelastungen, namentlich in sinkenden konsumbezogenen CO_2-Emissionen der verschiedenen Konsumbereiche widerspiegelt."[26]

Es scheint sich zu bestätigen, dass auch im Jahr 2022 das Bewusstsein für einen breiten Konsens zwischen Lebensqualität und Umweltschutz gestärkt werden muss. Das weltweit operierende Beratungsunternehmen *Russel Reynolds* befragte 2021 rund 9500 Mitarbeiter und Nachwuchsführungskräfte in elf Wachstumsmärkten und reifen Märkten, wie es um die Verankerung der Nachhaltigkeit heute bestellt sei. Dabei kamen sie in Deutschland zu einem Ergebnis, das

---

[24] Shklar, Judith (2013). S. 06.
[25] Neckel, Sighard et al. (2018).
[26] Umweltbundesamt (Oktober 2017). S. 52.

erschreckende Missstände aufzeigt: „Trotz des weltweiten Rufs, in Sachen Umweltpolitik führend zu sein, zeigt unsere Untersuchung, dass Deutschland bei der Einbettung der Nachhaltigkeit in die Unternehmensstrategie anderen Ländern hinterherhinkt. Dennoch sagen 46 % der Vorstände, dass Nachhaltigkeitsmaßnahmen ihres Unternehmens primär durch Markenmanagement motiviert sind. Nur 15 % der Vorstände sagen, dass zusätzliche Wertschöpfung die treibende Kraft ihre Nachhaltigkeitsstrategie sei."[27] Aus der Studie geht weiter hervor, dass viele deutsche Führungskräfte gerade erst anfangen „zu verstehen, welchen Wert Nachhaltigkeit für ihr Unternehmen haben kann." Kann es daran liegen, weil der persönliche Nachhaltigkeitsbezug fehlt, um die komplexen Bedrohungen für die Menschen und den Planeten zu identifizieren. Oder wollen sie, dass andere ihnen die Entscheidungen abnehmen und einen kollaborativen Ansatz verfolgen. Womöglich erkennen sie auch nicht ernsthaft, dass ein Handlungsbedarf besteht, weil die gebetsmühlenartig verbreitete Botschaft „Es ist höchste Zeit, nach Nachhaltigkeitsstandards zu wirtschaften" verpufft.

Behörden wie Unternehmen schreiben der Mitarbeiterinnen und Mitarbeiter vor, dass bei Beschaffungen sowie bei den Vergabeverfahren ein geringer Ressourcenverbrauch, bestmögliche Abfallvermeidung, Klima- und Umweltverträglichkeit sowie die Einhaltung von Sozialstandards zu berücksichtigen sind. Die Vorschriften reichen weit vom Tragen nachhaltiger Mode als Dienstbekleidung bis hin zu verpflichteter Nutzung des Bahnverkehrs bei Dienstreisen. Bei Befragungen gaben Unternehmen an, dass der Druck von der Gesellschaft auf Organisationen, einen Klimawandel herbeizuführen, äußerst hoch sei (42 % global betrachtet, 48 % in Deutschland).[28] Aber was heißt überhaupt klimafreundlich und wer liefert hierzu verbindliche Definitionen? Um es an einem öffentlich disputierten Beispiel festzumachen: In Frankreich gilt Kernkraft als klimafreundlich, in Deutschland als Kapitalverbrechen wider grüne Politik. Über die Einstufung der Kernkraft als Hochrisikotechnologie oder als zeitgemäßes Mittel der Klimapolitik scheiden sich die Geister. Es kann nicht bestritten werden, dass eine gewisse Wirrnis bei der Erklärung und Umsetzung von Sustainable Development Goals herrscht.

Mitunter wird auch das Potential nachhaltigen Konsums überschätzt. Denn steigende Ansprüche der Konsumenten führen u. a. zur vermehrten Anschaffung von elektrischen Geräten, zur Steigerung der Wohnfläche, zu Flugreisen in entfernte Länder und in den Bioläden zu Avocados aus Chile, Kaffee aus Afrika,

---

[27] Russel Reynolds Associates (January 2022). S. 2.
[28] Deloitte (2022).

Tee aus Indien, Schokolade aus Südamerika und Bio-Heidelbeeren aus Peru – alles Lebensmittel, die erst einmal von weit her transportiert werden müssen. Ganz gleich, ob man die Idee des nachhaltigen Konsums begrüßt oder nicht, das Wesen der Konsumgesellschaft wird verkannt. *Peter Carstens,* Umweltredakteur bei GEO.de, erinnert daran, dass die Idee, mit ressourcen- und energiesparenden Produkten der Umwelt zu helfen, 25 Jahr alt ist und noch nie funktioniert hat: „Immer mehr in immer kürzerer Zeit. Um diesen Anspruch zu realisieren, müssen permanent neue Bedürfnisse geweckt werden – um die Nachfrage nach immer neuen Produkten aufrecht zu erhalten. Nachhaltig wäre genau das Gegenteil: nicht konsumieren. Sondern Dinge pflegen, reparieren, tauschen, lange nutzen. Wer Nachhaltigkeit will, sollte auf Wirtschaftswachstum verzichten können."[29]

Dass der Verbraucher Klimawandel, Ressourcenverschwendung und Artensterben richtet, kann nur klappen, wenn genügend Menschen mitmachen: „Es sind jedoch noch immer zu wenige, die aus Einsicht und Wissen auch praktische Konsequenzen ziehen – europaweiten Umfragen zufolge gegenwärtig nur fünf bis zehn Prozent. Daher wächst seit einigen Jahren der moralische Druck auf den Einzelnen, sich ökologisch korrekt zu verhalten. Appelle an die individuelle Verantwortung, die es wahrzunehmen gelte, wechseln ab mit paternalistischen Aufklärungskampagnen und religiös aufgeladenen Ermahnungen wie zum Beispiel ‚Umweltsünder'."[30]

Nun ließe sich hinzufügen, dass eine nachhaltige Orientierung nicht einmal dann gelingt, wenn diese von einem Individuum verlangt wird, wie es das folgende Beispiel expliziert. Emma Durand ist Journalistin und gestaltet ihr Leben so ressourcenschonend wie möglich. Angesichts des großen Papierverbrauchs in den Industriestaaten will sie bspw. durch das **Einsparen** von Papier ein wichtiger Beitrag zum Umweltschutz leisten. So nutzt sie die Rückseite von bedrucktem Papier als Schmierzettel, versendet Geschäftsdokumente über die ePostBox und verzichtet auf jegliche Werbekataloge sowie Anzeigenblätter. Doch bei diversen Behörden und Organisationen stößt sie mit ihrem nachhaltigen Engagement und formellen Protesten gegen eine Papierverschwendung auf Widerstand: Krankenkassen, Rentenversicherungen, Gesundheitsämter, Leasinggeber und viele andere schicken ihr auf dem Postweg ellenlange Bescheide, Formulare, Belehrungen und Informationsmaterial. Ebenso hat ihr bisher niemand vernünftig erklären können, warum Gebrauchsanweisungen in zahlreichen Sprachen gedruckt und an Haushalte ausgeliefert werden. Als Konsumentin könnte sie doch beim Kauf entscheiden, welche Sprache erwünscht ist oder die jeweilige Gebrauchsanweisung

---

[29] Carstens, Peter (22.08.2018).

[30] Grunwald, Armin (2012).

gleich online abrufen. So würde sie einen weiteren Beitrag gegen eine gigantische Papierverschwendung leisten. Kann Emma nicht einmal bei dem Thema Nachhaltigkeit selbst entscheiden, welchen Beitrag sie persönlich leisten möchte? Problematisch ist *Klaus-Dieter Hupke* zufolge bei der Nachhaltigkeitsdebatte schon der Ausgangspunkt, uns in der Illusion zu wiegen, dass Ökologie, Ökonomie, Soziales und Kultur irgendwie zum Vorteil aller verschmelzen: „Wenn es uns allen dagegen gutgeht, ist dies von den Voraussetzungen her ökonomisch und sozial nachhaltig. ‚Ökologisch' ist es das aber eben gerade nicht!"[31] Der Naturwissenschaftler weist durchaus berechtigt darauf hin, dass die erwartete globale Klimaveränderung Gewinner und Verlierer hervorbringen wird: „Den meeresüberfluteten Räumen und den sich vermutlich ausbreiteten Wüsten werden wohl noch größere Gebiete in Kanada und im Norden und Russlands, vielleicht auch auf Grönland und in der Antarktis, gegenüberstehen, die durch die Erwärmung überhaupt erst nutzbar werden."[32] Schließt man sich dieser Überlegung an, dann würde es nicht das Ende der Menschheit auf der Erde bedeuten. An dieser Stelle zeigt sich, dass Nachhaltigkeit komplexer auftritt als von vielen Erdenbürgern angenommen. Für mich steht fest, dass einzelne Personen die Dimensionen der Ressourcenschonung individuell und somit auf ihre speziellen Verhältnisse zugeschnitten auslegen. Was für die einen erstrebenswert erscheint (bspw. den Verzehr von tierischen Produkten oder Reisen mit dem Flugzeug), ordnen die anderen als verwerflich ein.

Unbestritten bleibt, dass die ökonomische, ökologische, soziale und persönliche Nachhaltigkeit eine anhaltende Wirkung erlangen sollte. Verwiesen sei hier u. a. darauf, dass Individuen ihre persönlichen CO_2-Fußabdrücke durch Handlungsalternativen kompensieren können. Nachdem bei unserem explosionsartigem Bevölkerungswachstum acht Milliarden Erdenbürger um 2050 erwartet werden, müssen Maßnahmen im Einklang mit der Natur umgehend verabschiedet werden. So gesehen ist bspw. eine europäische Nachhaltigkeitspolitik zu verurteilen, die pro Jahr Millionen von Tonnen an Plastikmüll mit Containerschiffen ins ferne Ausland transportiert und dort mehr oder minder ordnungsgemäß recyceln lässt. Ebenso abzulehnen ist, dass Erdenbürger Millionen von Tonnen an Lebensmittel jährlich auf dem Müll entsorgen, anstatt diese über Sharing-Plattformen Hilfsbedürftigen zur Verfügung zu stellen. Hingegen sollten bspw. Regenwälder weiter geschützt und Brunnen gebaut werden, um den Wasserkreislauf zu ermöglichen bzw. zusätzliches sauberes Trinkwasser bereitzustellen.

---

[31] Hupke, Klaus-Dieter (2021). S. VI.
[32] Hupke, Klaus Dieter (2021). S. VII.

Lässt sich dieser kritische Blick, was das eigene Handeln innerhalb einer Gesellschaft betrifft, auf die Wirtschaft übertragen? Angesichts der UN-Nachhaltigkeitsziele „Menschenwürdige Arbeit und Wirtschaftswachstum" sowie „Industrie, Innovation und Infrastruktur" muss die Frage gestellt werden, welchen Beitrag Produktion, Weiterverarbeitung und Verwertung von Produkten leisten, damit sich unsere Weise zu wirtschaften grundlegend wandelt.

Corporate Social Responsibilty, der freiwillige Beitrag der Wirtschaft zu einer nachhaltigen Entwicklung (außerhalb der gesetzlichen Forderungen), markiert dabei eine maßgebliche Komponente zu verantwortungsvollem Handeln innerhalb eines Marktes. Zugestanden wird, dass bei den Unternehmen die Einhaltung von Sozial- und Umweltstandards entlang der Wertschöpfungskette, u. a. menschenwürdige Arbeit, Umsetzung von Klimaschutzzielen und sozial verantwortungsvolle Produktionsstätten, seit der Jahrtausendwende an Priorität gewonnen hat. Ebenso übernehmen Branchen – wie bspw. Automobilindustrie, Lebensmittelindustrie, Sportwirtschaft, Wasserwirtschaft und Zweiradindustrie – bei einem nachhaltigen Engagement eine Vorreiterrolle und beziehen die Interessen der Zielgruppen ein.

Nicht minder zu übersehen ist, dass auch ohne die kommunistischen Revolutionäre *Karl Marx* (1818–1883) und *Friedrich Engels* (1820–1895) Finanzmarktentscheidungen durchaus nicht nur anhand von Gewinnabsichten und Risikoeinschätzungen getroffen werden, sondern ebenso aufgrund von umweltpolitischen und sozialen Auswirkungen auf Natur und Gesellschaft. Vor allem die soziale Verantwortung am Finanzmarkt ist seit 2006 zu einem Pfeiler nachhaltigen Entwicklung geworden[33] und stellt das auf beständiges Wachstum orientierte Wirtschaftsmodell der industrialisierten Staaten zumindest ansatzweise infrage. So sieht bspw. der „Triple Bottom Line"-Ansatz vor, dass bei einer Beurteilung der Kreditwürdigkeit eines Unternehmens ein dauerhafter Ausgleich zwischen der ökonomischen, der ökologischen und der sozialen Leistungen des Unternehmens zu berücksichtigen ist sowie umweltfreundliche Investitionen.

Betrachtet man das SDG-Ziel 9 der Vereinten Nationen, so sollen eine widerstandsfähige Infrastruktur aufgebaut, breitenwirksame und nachhaltige Industrialisierung gefördert und Innovationen unterstützt werden. Diese Intention erhielt in Form einer Selbstverpflichtung von Unternehmen mit den Vereinten Nationen zu den zehn Prinzipien des Global Compact an Bedeutung. Die internationale Organisation, die den Frieden durch internationale Zusammenarbeit und kollektive Sicherheit bewahren möchte, vermeldet, dass bereits mehr als achttausend Unternehmen aus 162 Ländern der Initiative beigetreten sind. Inwiefern dieses

---

[33] Vgl. UNEP (2006).

Engagement auf ein zeitgemäßes Grundverständnis von Nachhaltigkeit resultiert oder auf öffentlichen Druck durch Interessenverbände der Stakeholder entstanden ist, lässt sich nicht beurteilen. Ungewiss bleibt zudem, welche Erfolge oder Misserfolge die weiteren UN-Schwerpunktthemen wie Nachhaltigkeit in der Lieferkette (UNCTAD), die Förderung von verantwortungsvollem Unternehmertum in Entwicklungsländern (UNIDO) oder nachhaltiges Investment (UNEP/UNPRI) verzeichnen.

Nachhaltigkeit so umzusetzen, dass die Gewinne umwelt- und sozialverträglich erwirtschaftet werden, scheint nach wie vor schwer umsetzbar, weil die Branchen mit ihren spezifischen Ausrichtungen unterschiedliche Umwelt- und Sozialgesetzgebungen, Antidiskriminierungs- und Arbeitssicherheitsgesetze sowie mit komplexen betriebsinternen Rahmenbedingungen, Standards und Prozesse aufwarten. Ob und inwiefern der globale Annäherungsprozess zwischen Wirtschaft, Politik und Gesellschaft zudem der Europäischen Union zugeschrieben werden kann, hängt von der Betrachtungsweise der ökonomischen, ökologischen und sozialen Interessenvertreter ab, die seit 2001 einen Bezug zu dem Grünbuch „Europäische Rahmenbedingungen für die soziale Verantwortung der Unternehmen" herstellen.[34]

Diese kurze Betrachtung zur nachhaltigen Wirtschaftsweise verdeutlicht, dass Unternehmen zwar nach wie vor kostendeckend wirtschaften müssen, aber nicht minder eine ethische und philanthropische Verantwortung prosperiert, um der Erwartungshaltung einer aufgeklärten, fortschrittlichen Gesellschaft zu entsprechen. Es geht nicht nur darum, dass schnell etwas gegen die unzureichende Nachhaltigkeitspolitik getan werden muss, sondern um das wie. Nach meinem Dafürhalten sind drei Strategien der Vereinten Nationen zu kontrollieren und modifizieren:

1. Um auf ein breites Interesse für die SDG-Nachhaltigkeitsziele bei Bürgern mit durchschnittlichem Einkommen und durchschnittlicher Bildung zu stoßen, ist es erforderlich, die *Bedarfe der sogenannten „Durchschnittsbürger"* in die Agenda einzubinden und an den Entwicklungszielen in persona partizipieren zu lassen. Die theoretische Prämisse sollte sein, dass entsprechende Präferenzen der Durchschnittsbürger innerhalb der Sustainable Development Goals in aller Deutlichkeit Berücksichtigung finden und deren Engagements zur Lösung nachhaltiger Probleme in den Entwicklungsländern gewürdigt werden. Bei allem Verständnis sind nämlich selbst in den Industriestaaten und in großen Teilen Europas und in den USA Armut, Gesundheitssysteme minderer

---

[34] Kommission der Europäischen Gemeinschaften (2001).

Güte, nahezu unerschwingliche Energiekosten, Diskriminierung, mangelhafte Sanitäreinrichtungen und gewalttätige Demonstrationen anzutreffen. Vor dem Hintergrund dieser Ausführungen sollte das Konzept „Persönliche Nachhaltigkeit" innerhalb der SDG-Ziele evident verankert werden.

2. Kritisch zu hinterfragen ist weiterhin, warum die Vereinten Nationen nicht auf diejenigen Regierungen bzw. Despoten *autoritär regierten Staaten politisch einwirken,* die über viele Jahre hinweg eine extreme Armut, prekäre Lebens- und Bildungsverhältnisse zugelassen haben sowie die Meinungsfreiheit und Menschenrechte mit Füßen treten. Gerade auch in den Ländern, wo die Sustainable Development Goals realisiert und finanziert werden, insofern in Afrika, Südostasien und Südamerika sind diese verheerenden Zustände anzutreffen.[35]

3. Eine weitere Herausforderung besteht darin, dass Maßnahmen der Vereinten Nationen wie bspw. *„Hilfe zur Selbsthilfe"* zu wenig Beachtung und Nachahmung finden. Die Zielgruppen der United Nations für nachhaltige Entwicklung scheinen zwar mehrheitlich die Unterstützungsangebote und Hilfeleistungen außerordentlich zu begrüßen, lassen aber ein Folgeengagement zur tatkräftigen Selbsthilfeaktionen im Sinne der persönlichen Nachhaltigkeit des Öfteren vermissen. Dadurch kann der Eindruck entstehen, als ob die externe Kommunikationsarbeit der Vereinten Nationen nicht angemessen von den Menschen, die es letztlich betrifft, wahrgenommen wird.

Auffällig bei den Maßnahmenkatalogen für Mensch und Umwelt ist, dass selten ein einheitliches Verständnis von Nachhaltigkeit und beständigen Nutzens für jedes Individuum kommuniziert wird. Doch wie sollen Klimawandel und Ressourcenmanagement realisiert werden, wenn Einzelpersonen die wichtigsten Regeln und Definitionen nicht beherrschen?

Was dies betrifft, nehme ich wahr, dass nutzenorientierte Fortschritte in puncto nachhaltige Entwicklung persönlichkeitsfördernder Qualifikationen und selberentscheidender Einzelwesen bedürfen, die Probleme und Fragen nachhaltiger Entwicklungen in einen größeren Zusammenhang stellen.

---

[35] Economist Intelligence (2022). S. 34–36.

Der theoretische Ansatz zur persönlichen Nachhaltigkeit

Warum sollte sich ein Mensch für fremde Aspirationen, das Gemeinwesen und fernstehende Erdenbürger einsetzen, ohne eigene Ansprüche im Sinne einer Selbstfürsorge anmelden zu dürfen?

Individuelle Belange spielen in der UN-Charta seit 1945 keine Rolle, wiewohl die Grundrechte des Menschen in der Präambel des Gründungsvertrags bekräftigt werden.[1] Bezogen auf den Brundlandt-Bericht der Vereinten Nationen für Umwelt und Entwicklung aus dem Jahr 1987 und den daraus folgenden Grundbedürfnissen der Erdbewohner kann kritisch gefragt werden, ob dem Ansatz persönlicher Ressourcennutzung genügend Rechnung getragen wurde.

Heruntergebrochen auf das Drei-Säulen-Modell der nachhaltigen Entwicklung der Europäischen Union von 1997 – Ökologie, Ökonomie und Soziales – scheint das Wohlergehen der Menschheit wichtiger zu sein als das eines einzelnen Individuums.[2] Bei einer diskursanalytischen Betrachtung der Verwendung des Begriffs(feldes) „Soziale Nachhaltigkeit" zeigt der Sozialwissenschaftler *Opielka* drei Konzeptionen auf, die meine These zu bestätigen scheint:

„1. Ein enges Verständnis von Sozialer Nachhaltigkeit: Hier wird das Soziale als eine von »drei Säulen« von Nachhaltigkeit konzipiert, als Konfliktreduktion und Umverteilung, als Begleitung der ökologischen Nachhaltigkeit, die im Zentrum dieser Konzeption steht.
2. Ein internales Verständnis von Sozialer Nachhaltigkeit als Nachhaltigkeit des Sozialen: diese Konzeption hat mit Ökologie, mit dem heute üblichen Konzept von Sustainability/Nachhaltigkeit zunächst wenig zu tun. Sie bezieht sich nur auf das Soziale selbst. Hier geht es um Generationengerechtigkeit, beispielsweise in der Verteilung der Finanzierungslasten der Rentenversicherung zwischen Jung und Alt.

---

[1] Vgl. Vereinte Nationen (1945).

[2] Vgl. Aachener Stiftung (2015).

A.-J. Hermanni, *Personal sustainability,* essentials, https://doi.org/10.1007/978-3-658-37989-6_4

3. Schließlich findet sich auch ein weites Verständnis Sozialer Nachhaltigkeit, in dem das »Soziale«, dem englischen Sprachgebrauch folgend, als das »Gesellschaftliche« verstanden wird: Soziale Nachhaltigkeit wird hier als gesellschaftliches Projekt, als Transformationsprojekt konzipiert.“[3]

Doch vermag ein fürsorgliches, ressourcenschonendes Engagement für die Erdbevölkerung überhaupt die gewünschten Effekte erzielen, wenn dabei das individuelle Allgemeinbefinden der Hilfegebenden und der Hilfeempfänger außer Betracht gezogen wird? Bei allen berechtigten Vorhaben der Vereinten Nationen und der Europäischen Union für eine nachhaltige Entwicklung blieb ein Anliegen unberücksichtigt: Der Mensch als Einzelwesen in seiner jeweiligen Individualität, die ihn zum Unikat machen, und die damit verbundene Eigenverantwortlichkeit im Sinne von Selbstfürsorge.

Noch weitgehend ungeklärt ist, ob Nachhaltigkeit überhaupt auf Dauer funktionieren kann, wenn das Sinnbedürfnis und Eigeninteresse des Einzelnen außer Acht gelassen werden. In dieser Hinsicht gilt es sich mit der Frage auseinanderzusetzen, inwiefern ein entsprechender Bedarf zum Wohle der heutigen und zukünftigen Menschheit besteht. Bei genauerer Betrachtung interdisziplinärer Forschung können zwei Tendenzen auf unterschiedlichen Ebenen (Individuen, Gruppen, Gesellschaft) ausgemacht werden:

a) Individuelle Ressourcennutzung
b) Nachhaltigkeitserwartungen der Generationen Y und Z

4.1 Individuelle Ressourcennutzung

Was kann man unter Ressourcen bei einem persönlichen Nachhaltigkeitskonzept verstehen?

Im demokratischen Tagesalltag wird oft verdrängt, dass der Mensch größtmöglich eigenverantwortlich handeln soll, weil ganzheitliche Betrachtungsweise und Lösungskonzepte nur in seltenen Fällen zum Erfolg führen. Diese Erkenntnis wird an unzähligen Beispielen in der Arbeitswelt mit den schnellen Veränderungsprozessen ebenso deutlich wie im privaten Umfeld, wenn Lebenskonzepte hinfällig werden.

---

[3] Opielka, Michael (2016, S. 38).

Wie kann es aber dann sein, dass ausgerechnet bei einem sensiblen Thema wie Nachhaltigkeit die Freiheit des Individuums wenig zählt? In nahezu propagandistischer Weise werden wir von einer überforderten Gesellschaft im Schulterschluss mit vielfältigen Organisationen bevormundet, die Einschränkungen im persönlichen Lebensstil nachdrücklich fordern. Das sollte uns zu denken geben.

Könnte es sein, dass wir immer stärker das Bedürfnis nach einer ausgeprägten Individualität verspüren, weil Staaten und Gemeinschaften zunehmend administrativ geführt werden und somit ein freiheitlich-liberales Leben erschweren? Überfordern wir mit einem fortschreitenden Bürokratismus einschließlich Kontrollmechanismen nicht Einzelpersönlichkeiten, deren verschiedene Standpunkte und Kräfte längst nicht ausbalanciert sind?

Eines ist aber bei dieser Lagebeurteilung sicher: Die *Andersheit des Anderen* – und somit einschließlich Freiheitsrechte – ist zu tolerieren. *Martin Heidegger* (1889–1976) liefert einen bedeutenden Anstoß, dass aus dem Zuspruch des Seins des Seienden bereits eine Grundhaltung vorliegt und dieser eine ethische Relevanz zufällt, wobei er mit „Sein" den Verständnishorizont markiert, auf dessen Basis das menschlich „Seiende" auf den Sinn seines Daseins bezieht.[4] Demgemäß weist *Emmanuel Lévinas* (1906–1995) darauf hin, dass der andere Mensch mich persönlich in eine *entsprechende Verantwortung* ruft – und zwar bei der Begegnung zwischen Menschen. Dabei betont er ausdrücklich die Rechte des Einzelnen, die mit dem Zusammentreffen verbunden sind.[5]

Die Rolle der *persönlichen Willensfreiheit,* um mit *Harry Gordon Frankfurt* (*1929) zu sprechen, ist ein bewusstes Begehren, das auf fremde Ansprüche antwortet und als selbstbestimmte Handlung vorhanden ist, und zwar in Form eines „effektiven oder handlungswirksamen Wunsches, der eine Person dazu bringt (oder dazu bringen wird oder wurde), den ganzen Weg bis zu einer Handlung zu gehen."[6] *Jean-Paul Sartre* sind wir es wiederum zu verdanken, dass er in seinem Werk „Das Sein und das Nichts" jedem Individuum die vollumfängliche Verantwortung für sein Leben und sein Handeln attestiert, der man sich nicht entziehen kann: „Ich bin in die Welt geworfen, [...] in dem Sinn, dass ich mich plötzlich allein und ohne Hilfe finde, engagiert in eine Welt, für die ich die gesamte Verantwortung trage, ohne mich, was ich auch tue, dieser Verantwortung entziehen

---

[4] Heidegger, Martin (2006, S. 7).

[5] Vgl. Lévinas (1961).

[6] Frankfurt (1971, S. 5–20).

zu können, und sei es für einen Augenblick, denn selbst für mein Verlangen, die Verantwortlichkeiten zu fliehen, bin ich verantwortlich."[7]

Allein schon aufgrund dieser philosophischen Betrachtungen soll der Ansatz persönliche Nachhaltigkeit einschließlich individueller Ressourcennutzung weiterverfolgt werden. Dass niemand mir als Person etwas vorschreiben kann, verhilft zu einer Freiheit und Selbstverantwortung, die keinen moralischen Normen unterliegt, wenngleich ich mit meinen Handlungen eine Verpflichtung eingehe, für das Geschehene einzustehen.

Mangelt es gar an einem falschen Bewusstsein, die exorbitanten Chancen und Herausforderungen im Ganzen nicht erkennen zu können? Zwischenmenschlichkeit und Gemeinschaftsorientierung sind keine Dimensionen, die sich gegenseitig ausschließen, sondern dem vorherrschenden Verständnis einer *Verantwortungsethik* entsprechen und sich ergänzen. Gemeinsamer Kern des Zusammenlebens ist und bleibt die Komplexität und Vielgestaltigkeit der Gesellschaft, die in öffentlichen Debatten politische, wirtschaftliche und sozialen Fragen ergründen.

Das aber jedes Ding ein Wesen habe, wie es *Aristoteles* ausdrückte, und jedem Individuum ein gehöriges Quantum an Begabungen, Fertigkeiten, Kenntnissen und Wissen zur Verfügung steht, steht zweifelsfrei fest. Hinzu kommt ein Persönlichkeitsprofil, das charakteristisch verstandene Eigenschaften umfasst und den Reichtum eines Individuums und somit desgleichen einer Gesellschaft ausmachen. Zu den *Ressourcen eines Menschen* zählen insbesondere:

- *Immaterielle Vermögenswerte* wie Markenrechte, Urheberrechte, Patente – sogenannte Schutzrechte.
- Die *fachliche Kompetenz* einzelner Personen, welche ein Beruf erfordert, und die nicht übertragen werden kann.
- *Mediale Nutzungsrechte,* also persönliche geistige Werke der Kunst, Literatur und Wissenschaft, die durch das Urheberrecht geschützt sind.
- *Soziale Ressourcen* in Form von zwischenmenschlichen Beziehungen, die u. a. auch im Internet gepflegt werden, und aus denen emotionale, kognitive und instrumentelle Kontakte sowie Unterstützung abgeleitet werden können.
- *Psychische Ressourcen* wie Selbstwert, Anspruchsniveau oder körperliche Vitalität.
- *Kulturelle Ressourcen* wie Wissen, Bildung, und akademischen Abschlüssen.
- *Ökonomische* Ressourcen, die einem Individuum zur Verfügung stehen, bspw. Wohneigentum, Fonds, private Altersvorsorge.

---

[7] Sartre, Jean Paul (1985, S. 953 f.).

Im beruflichen und privaten Umfeld stellt eine Person die Kompetenzen und Eigenschaften den Bezugsgruppen zur Verfügung, weil sie entweder dafür ein Arbeitsentgelt erhält oder sich mit einer Gruppe von Individuen identifiziert. Sobald aber ein Zwang auf Einzelne ausgeübt wird, wehrt sich diese Person gegen eine Vereinnahmung ihrer Kompetenzen und Entscheidungsmöglichkeiten. Sie registriert unangenehme Einflüsse und leistet verbalen oder nonverbalen Widerstand. Hinzu wird im Zuge einer Gegenwehr eine berechtigte Forderung nach eigenen Handlungsmöglichkeiten zum Ausdruck gebracht. Das heißt wiederum: Die Person will über ihre inneren (individuellen) oder äußeren (bspw. materielle, ökologische, kulturelle) Ressourcen selbst bestimmen und Situationen beeinflussen.

Auf freiwilliger Basis trägt das Individuum in wandelbaren Situationen aber auch zum Gemeinwohl bei, indem es Hilfsbereitschaft signalisiert sowie persönliche Verantwortung für natürliche und humane Ressourcen übernimmt. Zentral für ein Engagement ist hier die soziale Verantwortung mit einem direkten Bezug zum *Wert- und Glaubenssystem des Einzelwesens*. Im Jahr 2022 wird das sozial-humanitäre Engagement am Beispiel des Ukraine-Krieges sichtbar, nachdem Millionen von geflüchteten Menschen im Ausland humanitäre Betreuung, Unterbringung, Kleidung und Verpflegung finden. *Kals und Montada,* aber auch *Kaschner* führen die wahrgenommene Verantwortung der Bürger auf eine individuelle Werteskala zurück, die Prinzipien wie Gerechtigkeit und Nächstenliebe umfasst.[8]

Ein weiteres Beispiel für eine unabhängige Zustimmung zu Nachhaltigkeitszielen stammt aus dem Hochschulbereich. Studierende immatrikulieren sich an einer klimaneutralen und nachhaltigen Hochschule und lernen freiwillig in Projekten Bündnisse für Nachhaltigkeit kennen, die in Kooperation mit Politik, Kommunen und Unternehmen initiiert werden. Durch die Bewusstwerdung ihrer Entscheidung, just diese Hochschule auszuwählen, setzen sie sich produktiv und selbstbestimmt mit den Prinzipien zur Ressourcen-Nutzung auseinander und stimmen einem verantwortungsbewussten Umgang mit den komplexen Mensch-Umwelt-Beziehungen zu.[9]

Um noch einmal auf den Punkt *Entscheidungsfreiheit bei Nachhaltigkeitsfragen* zurückzukommen. Konsequent betrachtet ist es nicht Aufgabe von Organisationen und Nichtregierungsinstitutionen, Regierungen und Parteien Individuen

---

[8] Kals, Elisabeth und Montada, Leo (1994, S. 326–33) und Kaschner, Tamara (2016, S. 237–245).

[9] Diese Nachhaltigkeitsstrategie kenne ich bspw. von der SRH Fernhochschule – The Mobile University, die als Climate Positive University ausgezeichnet wurde.

vorzuschreiben, was sie mit ihren Ressourcen zu tun oder zu lassen haben. Stellen Sie sich Nachhaltigkeitsmanagement als eine Autofahrt vor und Sie allein entscheiden über die Reiseroute, welche ökologischen, ökonomischen, sozialen oder persönlichen Destinationen eingeschlagen werden. Ohne Druck seitens sozialer Kreise, Organisationen, Unternehmen oder Arbeitgeber, die auserwählte Maßnahmen hartnäckig empfehlen. Sie könnten gemeinnützige Intentionen ebenso verfolgen wie solche zum ressourcenschonenden Selbstzweck, die den eigenen Motiven dienen. Würde dadurch eine Entscheidung nicht leichter fallen, wenn neben dem allgemeinen, wohltätigen Zweck auch das Selbstbestimmungsbedürfnis gesättigt wird?

In eigener Person zu agieren, bedeutet auch das eigene Selbst, die exklusive *Authentizität zu wahren* und den eigenen Zeitabschnitt zu prägen. Vivo, sic iudico („Ich lebe, also entscheide ich"), weil ich mich selbst orientieren, neu orientieren, anders orientieren oder umorientieren will. Dem ist entgegenzuhalten, dass die eigene Vorstellungskraft bei Nachhaltigkeitsprojekten dafür zuweilen nicht ausreicht, da die meisten Sustainable Development Goals in den Ländern Ost- und Südostasiens und in Afrika, weitab der hohen Pro-Kopf-Einkommen, umgesetzt werden. Und weil gewisse irdische Probleme eben nicht für saturierte Erdenbürger existieren und nachvollziehbar sind, die in gutbehüteten Verhältnissen aufwachsen.

Auf welche Weise könnten die globalen Probleme mehr Aufmerksamkeit erlangen? Ein zentraler Gedanke, der mich seit Jahren beschäftigt: Persönliche Nachhaltigkeit vom Ende her zu betrachten. Wäre das ein Anreiz für Menschen, die noch etwas Sinnhaltiges zum Wohle des Planeten und seiner Bewohner bewegen wollen? Ergo ein vorgezogener Rückblick, ein Zwischenfazit auf die eigene Existenz mit ihren Stärken und Schwächen. Zurückschauen auf das, was man bis jetzt erreicht hat und was nicht. Wer so zu Rat geht, stellt sich dem *philanthropischen Anliegen:* Was könnte ich individuell und gesellschaftlich beitragen oder gar zum Positiven verändern? Und inwiefern würde ich dabei Erwartungen anderer Personen erfüllen?

Ist persönliche Nachhaltigkeit zumutbar? Eine nach Wertmaßstäben entsprechende, gerechte Lösung für den Menschen in seiner gesellschaftlichen, wie individuellen Nachhaltigkeitsfunktion kann es erst geben, wenn sich der „Einklang zwischen seinen gesellschaftlichen Aufgaben, zwischen den gesamten Anforderungen seiner sozialen Existenz auf der einen Seite und seine persönlichen

Neigungen und Bedürfnissen auf der anderen" offenbart.[10] Den Andersdenkenden halte man den Humanitätsgedanken *Rousseaus* getrost entgegen: „Handele anderen gegenüber so, wie du willst, dass man dir gegenüber handele."[11]

Statt einer pauschalen Diffamierung von Einzelwesen mit höchsteigenen Nachhaltigkeitsstrategien sollte eine Gesellschaft „Individuen stärken und befähigen, damit diese die bereitgestellten Möglichkeiten auch zu nutzen verstehen (so sie es denn wollen). Was eine Gesellschaft jedoch weder kann noch darf, ist anstelle der Individuen zu handeln."[12] Zudem kann, etwa mit Blick auf die Wissenschaft und ihre Nobelpreisträger, argumentiert werden, dass die Gemeinschaft akzeptiert und goutiert, dass Einzelne außergewöhnliche Leistungen erbringen, die für andere Mitglieder der Gesellschaft von Nutzen sind, und eine möglichst bessere Welt mitgestalten.

Ein weiteres Argument spricht für die Einführung einer Nachhaltigkeit mit persönlichen Schwerpunkten: „Im Zeitalter der Beschleunigung und Digitalisierung gewinnen zunehmend zutiefst menschliche Werte und Kompetenzen an Bedeutung."[13] Erscheint es da nicht klüger, über die Eindämmung des Klimawandels auch die Individuen mitentscheiden zu lassen anstatt von außen bedrängend einzuwirken? Und simultan den unnötigen Moralinüberschuss bei Diskursen zur Nachhaltigkeit abzubauen und die offene, teilweise menschenverachtende Konfrontation nicht bis zum Exzess zu betreiben?

4.2 Nachhaltigkeitserwartungen der Generationen Y und Z

Welche Werte sind jüngeren Menschen im Privatleben wichtig?

Wir nehmen junge Menschen wahr, die frei von traditionellen Vorstellungen und Zwängen ihr Dasein gestalten und sich sinnvoller Aufgaben und gemeinschaftlicher Anliegen widmen wollen. Die ein familiäres Über-Ich sowie standardisierte 40-h-Arbeitswochen ablehnen und stattdessen eine eigene Lebensvision anstreben. Und die sich nicht ihre Freiheit beschränken und fremd bestimmen lassen, was ihre Berufung sein soll. Stattdessen führen sie autonome, intensive Auseinandersetzungen und fällen selbstständige Entscheidungen über das Jetzt und Morgen. Wer diese Positionen vertritt, strebt ein ausgewogenes

---

[10] Elias, Norbert (1997, S. 464).

[11] Rousseau, Jean-Jacques (2019, S. 62).

[12] Flaßpöhler, Svenja (2021, S. 207).

[13] Engel, Stephan und Pechstein, Arndt (2021, S. 228).

Situiert-Sein in der Gegenwart mit einer individuellen Verantwortung für den Bereich an, in dem das eigene Leben verläuft.

Von zentraler Bedeutung ist im Blick auf die Entwicklungserwartungen gegenwärtiger Generationen die Frage, in welchem Sinne überhaupt *nachhaltige Bedarfe und Prioritäten* bestehen. Ich sollte betonen, dass das Nachdenken über persönliche Nachhaltigkeit seine Notwendigkeit primär unter dem Einfluss jüngerer Generationen gewinnt. Deren Anliegen erfordern ein Umdenken bei den UN-Mitgliedsstaaten, aber gleichermaßen innerhalb der Gesellschaft. So zeigen entsprechende Untersuchungen zu einer zeitgemäßen Arbeitswelt sowie einer zukunftsfähigen Gesellschaft, dass die Generationen Y und Z bspw. persönliche Freiheit in vielerlei Hinsicht als einen wichtigen Wert einstufen und verstärkt auf die eigene Gesundheit achten[14]. Eindeutige Erwartungen existieren weiter in puncto guter Arbeitsatmosphäre, Entwicklungs- und Selbstverwirklichungsmöglichkeiten sowie ausgewogener Balance von Berufstätigkeit und Freizeit.[15] Weitgehende Einigkeit in der Forschung besteht ferner darüber, dass eine klare Tendenz zu Selbstorganisation, Eigenverantwortung und neuen Führungsmodellen vorliegt[16] und agiles Arbeiten ein Wegbereiter für die Work-Life-Balance bildet.[17] Allesamt berechtigte Anliegen, die in den generationsübergreifenden Zukunftsdiskurs einfließen sollten.

Ausschlaggebend ist, dass bei den Generationen Y und Z das *persönliche Wohlergehen* im Mittelpunkt steht und zu ihren wichtigsten Werten Gerechtigkeit, Respekt und Anerkennung zählen, die nach ihrer Beurteilung bis dato zu kurz kommen. Daraus folgt, dass akzentuiert Erwartungen an Gesellschaft und Unternehmen formuliert werden, wobei diese in Demokratien entsprechende Arrangements zwischen allen Generationen erfordern. Anhand einer Studie zur Lebenssituation 14- bis 25-Jähriger in Deutschland wurde im Jahr 2021 nachgewiesen, dass die fünf wichtigsten Werte der jungen Menschen Gesundheit (65 %), Vertrauen (64 %), Familie (63 %), Gerechtigkeit und Freiheit (jeweils 57 %) sind. Überraschend ist, dass ökologische Nachhaltigkeit bei den Generationen Y (26 %) und Z (23 %) nur einen der letzten Plätze belegt. Unter den wichtigsten Beiträgen für Umwelt- und Klimaschutz rangieren Müllvermeidung und -trennung, Einkauf von regionalen und Bio-Produkten sowie nachhaltige Mobilität. Zudem ist zu berücksichtigen, dass fast jeder vierte Befragte unzufrieden ist mit der eigenen

---

[14] Vgl. PwC (2020).

[15] Schnetzer, Simon (2019).

[16] Haufe-Lexware (2020).

[17] Vgl. Bertelsmann-Stiftung (2007).

psychisch-seelischen Gesundheit.[18] An dieser Stelle zeigen sich Interessensparallelen zu den UN-Zielen „Gesundheit und Wohlergehen" (SGD 3) und „Frieden, Gerechtigkeit und starke Institutionen" (SDG 16).

Auffällig ist, dass sich die jungen Generationen bei dem Diskurs für nachhaltige Entwicklung nicht gehört und beteiligt sowie von der Politik im Stich gelassen fühlen. Hier bewahrheitet sich mein Votum, dass die persönlichen Nachhaltigkeitserwartungen der Generationen Y und Z stärkere Berücksichtigung finden müssen. Daraus resultierend würden die Befragten einen persönlichen Beitrag leisten wollen, weil ihnen eine nachhaltige Lebensweise aus prinzipiellen Gründen wichtig ist. Wichtig zu betonen ist, dass sich junge Menschen (14- bis 24-Jährige in Deutschland) Sorgen um ihre Zukunft machen (86 %) und unzufrieden mit der Politik sind: „Lediglich 23 % erwarten, dass Deutschland den Klimawandel bis 2050 im Griff hat" und „Weniger als ein Drittel der 14- bis 24-Jährigen (29 %) hat das Gefühl, Politik beeinflussen zu können."[19] Und das, obwohl die Mehrheit der jungen Menschen (66 %) politisch etwas verändern möchte.[20] Aber um diese Zielgruppe geht es bisher nicht bei den UN-Nachhaltigkeitszielen.

Bildungsforscher *Hurrelmann* (*1944) fordert generell *Entscheidungshilfen durch die Politik,* weil die große Mehrheit der jungen Menschen noch nicht bereit sei, die lieb gewordenen Gewohnheiten in den Bereichen Konsum, Mobilität, Ernährung aufzugeben: „Unter diesen Umständen kann der von jungen Leuten mehrheitlich befürwortete Klimaschutz nur mit klaren Regeln und Vorgaben durch die Politik gelingen."[21] Dagegen ist kritisch einzuwenden, dass in diesem Kontext gesetzliche Vorschriften ein absolut falscher Weg sind, weil wir dann in einem Orwellschen Überwachungsstaat existieren würden, wo jede Handlung nach nachhaltigen Kriterien observiert und bei einem Vergehen geahndet wird.

Wie kommen Unternehmen mit der Situation zurecht, dass jüngere Menschen spezielle Erwartungen an eine Arbeitswelt haben?
Die Theorie unterstellt, dass „weiche" Faktoren eines Unternehmens an Zugkraft gewinnen und immer bedeutender für den wirtschaftlichen Erfolg einer Organisation werden.[22] Und die Praxis belegt seit Jahren in zunehmendem Maße, dass diese Annahme zutrifft: Zwei Drittel der Absolventen würden ein fantastisches

[18] Vgl. Schnetzer, Simon (2021).
[19] Vodafone Stiftung Deutschland (2022).
[20] Vgl. Vodafone Stiftung Deutschland (2022).
[21] ARD tagesschau (2021).
[22] Vgl. Hermanni, Alfred-Joachim (2022).

Jobangebot ausschlagen, wenn die Unternehmenskultur des Arbeitgebers nicht zu ihnen passt.[23]

Eine solche Einschätzung spricht dafür, eine Unternehmenskultur einzuführen, die eine exzellente Wertschätzung gegenüber den Mitarbeitern ausdrückt und einen identitätsstiftenden Bezugsrahmen schafft. In wenigen Worten zusammengefasst: ein sinnvolles, gelebtes Leitbild, das ein betriebliches Miteinander regelt und auf moralischen sowie sozialen Normen basiert. Über konkrete, schriftlich fixierte Verhaltensregeln (Werte, Ziele, Normen und Aktivitäten) sollen der interne Zusammenhalt erleichtert und kollektive Überzeugungen gepflegt werden. Es läuft darauf hinaus, die übergeordnete Frage zu beantworten, was die Mitarbeiter gemeinschaftlich verbindet.

Studien verdeutlichen, dass besonders junge, angehende Führungskräfte von einem Teamwork-Gedanken profitieren. Sie verinnerlichen einträchtig beschlossene kollegiale Grundsätze, was sich fortan in ihrem Arbeitsethos niederschlägt. Nebenbei bemerkt, genügt es heutzutage nicht, Nachwuchskräfte der Generation Y (nach 1980 Geborene) einfach bloß nach gängigen Stellenbeschreibungen und Vergütungspaketen einzustellen. Nein, Nachwuchskräfte erwarten neben einem gut dotierten Job eine Menge an zusätzlichen Leistungen und suchen einen tieferen Sinn in ihrer zukünftigen Arbeit. Wie es sich darstellt, wollen sie flexibel sowie weitgehend selbstbestimmt in „lernenden" Organisationen arbeiten. Außerdem beanspruchen sie in ihrem beruflichen Umfeld soziale „Selbstverständlichkeiten", die ins Gewicht fallen, etwa Kinderkrippe, Fitnessstudio, Work-Life-Zentrum und Sabbatical. Dagegen ist besorgniserregend einzuwenden, dass junge Menschen häufig nicht mit dem Leistungsdruck zurechtkommen, der in vielen Unternehmen herrscht. Im Sinne präventiver Maßnahmen zur Stärkung der individuellen und organisatorischen Resilienz in Unternehmen hat das Institut für angewandte Arbeitswissenschaft in Kooperation mit dem Institut der deutschen Wirtschaft eine wegweisende Empfehlung ausgesprochen: „Um sich den Anforderungen des immer schneller wandelnden Marktes stellen zu können, bedarf es eines hohen Maßes an selbstgesteuertem Handeln, kommunikativen Kompetenzen und Fähigkeiten zur Selbstorganisation."[24] Dieses Verständnis schließt explizit die Dimension der persönlichen Nachhaltigkeit ein.

Weshalb ist das überhaupt wichtig? Zur Beurteilung der Gesamtsituation ist es von Relevanz, dass veränderte Arbeitsinhalte hinzugekommen sind, die auf die physische und psychische Gesundheit, Motivation und Qualifikation und somit

---

[23] Vgl. Trendence Absolventenbarometer (2020).

[24] Institut der deutschen Wirtschaft Köln et al. (2018, S. 3).

auf die Leistungen von Arbeitnehmern eine Wirkung ausüben.[25] Bestätigt wird dieser Befund durch ein Literaturverzeichnis der Bundesanstalt für Arbeitsschutz- und Arbeitsmedizin, dass Arbeitsformen wie hohe Flexibilitätsanforderungen, atypische Arbeitszeiten und Mangel an Planbarkeit als gravierende Stressoren für Wohlbefinden und Gesundheit der Mitarbeiter auftreten.[26]

Die *Generation Y* (auch Millennials genannt)[27] hat hohe Erwartungen hinsichtlich der eigenen Arbeitstätigkeit. Es ist ihnen essenziell, dass sie weitgehend eigenverantwortlich ihre Aufgaben gestalten können – auch im Sinne einer zeitlichen und örtlichen Mobilität der Arbeit. Zusätzlich zum Freiraum bei der Arbeitsgestaltung und der Flexibilität in puncto Arbeitszeit (Work-Life-Balance) erwarten sie berufliche Entwicklungsmöglichkeiten und ein adäquates Entgelt für geleistete Arbeit. Die Mitarbeiter sehen sich primär als Menschen *unter ihresgleichen* und weniger als Arbeitnehmer und insofern wollen sie sich selbst managen und steuern. Ihr Anspruch an die Führung beinhaltet Transparenz und Beteiligung bei Managemententscheidungen auf allen Ebenen, etwa durch Mitarbeitergespräche oder durch Teamwork im arbeitsteiligen Produktionsprozess.

Bei den *Digital Natives*[28] verlieren die klassischen Steuerungselemente zunehmend an Bedeutung, weil die Mitarbeiter auf Vertrauensbasis beschäftigt sein wollen. Dagegen gewinnt die Vernetzung der Mitarbeiter untereinander sowie eine hohe Technik- und Medienkompetenz an Gewicht. Die Erwartungen der Digital Natives schließen die Ansprüche der Generation Y ein und sehen zudem weitere Privilegien vor: Nutzung neuer Technologien am Arbeitsplatz, schnelle Kommunikationswege, eine kompetente Feedback- und Fehlerkultur innerhalb des Unternehmens und flache Hierarchien.

Die Vorstellungen der Generation Y/Digital Natives zum eigenverantwortlichen Handeln entsprechen der Einschätzung des Managementdenkers *Peter Ferdinand Drucker* (1909–2005), der die Entwicklung zu einer Wissensgesellschaft bereits 1957 prognostiziert hat.[29] Die Forschung geht heute davon aus, dass die Produktivität von Wissensarbeit eines der wichtigsten Ziele im 21. Jahrhundert ist. In diesem Sinne steigt der Qualifikationsdruck in den Unternehmen

---

[25] Vgl. Jürgens, Kerstin et al. (2017) sowie Köper, Birgit und Richter, Götz (2016).

[26] Vgl. Rothe, Adolph et al. (2017).

[27] Es handelt sich um die Generation, die im Zeitraum der frühen 1980er bis zu den späten 1990er Jahren geboren wurde.

[28] Personen, die in der digitalen Welt aufgewachsen sind, wobei diese sich von der Geburtsjahrgängen mit der Generation Y decken.

[29] Vgl. Drucker, Peter (1957).

und die individualisierte Förderung und Weiterbildung der Mitarbeiter wird zur fundamentalen Führungsaufgabe.

Man geht resümierend kaum fehl, dass jüngere Generationen besonders stark darauf insistieren, für ihren Arbeitseinsatz einen angemessenen Ausgleich zu erfahren und ein Mitspracherecht bei Entscheidungen, die für ihre Zukunft ausschlaggebend sind. Diese Forderungen sind nachvollziehbar sowohl hinsichtlich der Erwerbstätigkeit als solcher als auch im Blick auf die Bürgerrechte innerhalb eines Staates. Junge Menschen sind Teil der Gesellschaft, aber besitzen noch keine große Lebenserfahrung. Sie brauchen Momente des Wahr- und Ernstgenommenwerdens, um sich stärker für das Handlungsprinzip zur Ressourcen-Nutzung zu engagieren, die idealerweise von ihnen selbst definiert werden. Die Alterskohorten Y und Z in die Grundsatzdiskussionen zu den Bedürfnissen gegenwärtiger und zukünftiger Generationen nicht einzubeziehen oder gar auszugrenzen, dürfte eine stumme Passivität bis hin zur Ablehnung erzeugen. Die Zeit drängt, wenn wir die Bedürfnisse der jüngeren Generationen respektieren und erfüllen wollen.

4.3   Das nachhaltige Subjekt

Was kennzeichnet ein nachhaltiges Subjekt? Ist es die Handlung, die je nach Betrachtungsweise unterschiedlich bewertet werden kann?

Nehmen wir etwa an, die betreffende Person hat sich ein Elektroauto angeschafft und dieses erzeugt im Gegensatz zum Verbrennungsmotor keine direkten CO_2-Emissionen. Gleichwohl treten CO_2-Emissionen und Schadstoffe bei der Stromproduktion auf, weil zu diesem Zweck konventionelle bzw. fossile Energiequellen wie Kohle, Erdgas und Erdöl eingesetzt werden. Oder denken wir an die Herstellung von Bio-Käse, wobei biologisch nicht automatisch für artgerechte Tierhaltung steht. Bereits nach ein oder zwei Tagen werden die Kälber von ihren Müttern getrennt und eine gesetzlich vorgeschriebene Stallfläche von 6 qm bzw. 4 qm Auslauffläche bietet spärlichen Freilauf. Dahingegen existieren auch Käsereien, die strengeren Standards folgen (A.O.P.-Siegel) als die Bio-Richtlinien und auf gedeihliche Lebensbedingungen von Tieren achten. An diesen Beispielen wird deutlich, dass vermeintliches nachhaltiges Handeln nicht zwangsläufig zu einem verantwortungsbewussten Umgang mit den befristeten Ressourcen unserer Erde führt.

Oder ist es ausschließlich die Absicht zur nachhaltigen Handlung? Ich priorisiere ebendiese, weil eine unverfälschte Willensentscheidung selbstständig getroffen wurde, unberührt von fremden Einflüssen. Allein darf die Handlung nicht aus Pflichtbewusstsein erfolgen, sondern aus eigenem Antrieb. Die Freiwilligkeit des Subjekts ist höher anzusiedeln als Obliegenheiten gegenüber Staat und Gesellschaft, Organisationen und Familienmitgliedern.

Auf welche Weise könnte ein Individuum sein Handeln vorbereiten? Der *Reasoned Action Approach*[30], aber auch verwandte Konzepte, bieten Theorien des überlegten Handelns an, die sich auf verschiedene Kontexte, Bevölkerungsgruppen und Verhaltensweisen anwenden lassen, und sich für ein nachhaltigkeitsbezogenes Vorgehen anbieten. In den Argumentationen der Sozialpsychologen *Martin Fishbein* (1936–2009) und *Icek Ajzen* findet sich ein leistungsstarker Ansatz für die Vorhersage und das Verständnis von beabsichtigtem Handeln, demnach auf die zukünftige Ausführung eines bestimmten Verhaltens. Genau genommen ist das zentrale Konstrukt dieser Theorie die Intention, in dem ein Individuum ein bestimmtes Verhalten aufweist und was dies anbelangt entsprechende Anstrengungen verfolgt. Ausschlaggebend für die Prognose sind positive oder negative Bewertungen des zukünftigen Verhaltens sowie subjektive Normen, die die Geisteshaltung reflektieren, dass relevante Bezugspersonen ein spezifisches Verhalten von dem Individuum erwarten.

Gardner (*1943) als Psychologe insistiert, dass fünf „Grundeinstellungen" oder „Geisteshaltungen" erforderlich wären, um vertretbare Entscheidungen und berechtigte Forderungen zu bekunden, die auch das Feld der Nachhaltigkeit betreffen können. Seines Erachtens handelt es sich dabei um die Fähigkeiten „Disziplinorientiertes Denken", „Synthetisierendes Denken", „Kreatives Denken", „Respektvolles Handeln" und „Ethisches Handeln".[31] Wichtig sind ihm die Fähigkeiten zum methodischen Vorgehen, zur Beurteilung und Selektion relevanter Informationen, zu ethisch motiviertem Kreativitätsvermögen, zur Akzeptanz einer Diversity-Gesellschaft und zur verantwortlichen Wahrnehmung der bürgerlichen Verpflichtungen innerhalb eines Gemeinwesens. Bei diesen hohen Anforderungen ist jedoch Sensibilität geboten, will man nicht den einen oder anderen Menschen überfordern. Idealbilder schaffen zu wollen, ist ohnehin keine philanthropische Herangehensweise.

Aber es kommt noch ein weiterer Gesichtspunkt bei der Analyse eines Begründungszusammenhangs für Handlungsgrundlagen hinzu. *Habermas* unterscheidet in seinem Werk „Eine genealogische Betrachtung zum kognitiven Gehalt der Moral" (1996) mindestens drei Kategorien von Gründen, die ein Individuum bei Handlungen verfolgen kann: *pragmatische* (auf das kluge Erreichen der eigenen Ziele gerichtete), *ethische* (auf das Gelingen des eigenen guten Lebens zielende)

---

[30] Fishbein, Martin und Ajzen, Icek (2009).

[31] Vgl. Gardner, Howard (2007).

und *moralische* (auf intersubjektive Zustimmung zu allgemeinverbindlichen Normen gerichtete Gründe).[32] Angesichts der Debatte zur Umsetzung persönlicher Nachhaltigkeitsziele sind zwei weitere Handlungsgründe hinzugekommen, und zwar die *überlebensrelevante* sowie die *emotionale Variante*. Die überlebensrelevante intendiert, mit geringem Ressourcenverbrauch das eigene Sein (das irdische Dasein) zu sichern. Denken wir dabei etwa an sogenannte Naturvölker oder isolierte Völker, die abgeschottet auf kleinen Inseln in Südostasien oder in Tropenwäldern ansässig sind und sich von einheimischen Pflanzen und Tiere ernähren. Bei einem emotionalen Grund ist das vordergründige Ziel, aus der gefühlsbestimmten Ebene heraus intuitiv zu agieren, ohne zuvor moralische Normen zu reflektieren, die gemeinhin das zwischenmenschliche Verhalten der Gesellschaft regulieren. Ein entsprechendes Vorgehen kennzeichnen bspw. spontane Hilfeleistungen bei Schreckensszenarien (wie Hungersnot, Überflutungen oder Erdbeben) oder eine Teilnahme an einer Klimaschutz-Demonstration.

Warum soll die persönliche Nachhaltigkeit ein so großes Gewicht erhalten? Fasst man Forschungsergebnisse zur Entwicklung der Arbeitswelt in Verbindung mit individuellen, sinnstiftungsfähigen Bedürfnissen zusammen, wird bspw. in der deutschen Gesellschaft, aber gewiss ebenso in anderen Industriestaaten, der Ruf nach Selbstorganisation, Eigenverantwortung und Work-Life-Balance im Sinne einer Ressourcen-Nutzung des Einzelnen lauter. Dabei geht es um berechtigte Anliegen von Individuen, eine sinnstiftende Arbeit verrichten zu wollen, die sich früher oder später in der Berufswahl, der Entscheidung für einen Arbeitgeber und dem Engagement in Ausübung einer beruflichen Tätigkeit offenbart, die in Abstimmung mit dem privaten Bereich erfolgt.

Vor diesem Hintergrund ist anzunehmen, dass eine Selbsteinschätzung eines sinnerfüllten Lebens überwiegend einer inneren Entscheidung folgt. Rational betrachtet dürfte es nahezu ausgeschlossen sein, individuelle Bedürfnisse von außen entscheidend zu lenken, zumal die eigene Person und somit die dem Einzelnen gehörende Existenz davon betroffen ist. Diese Vorgehensweise bezieht sich auf die *Selbstgesetzgebung des Willens* und leitet sich bspw. aus dem Kantschen Würdeverständnis für Autonomie ab, wonach Selbstständigkeit und Willensfreiheit „der Grund der Würde der menschlichen und jeder vernünftigen Natur" ist.[33] Allerdings sollte das Individuum bei seiner Handlungsweise nach dem Guten streben und einen tugendethischen Ansatz wie Aristoteles wählen, wonach eine vorzügliche und nachhaltige Haltung durch das geistige Vermögen, Einsichten zu gewinnen und sein Handeln danach zu richten, bestimmt wird: „Die Tugend ist

---

[32] Habermas, Jürgen (2009).
[33] Vgl. Kant, Imanuel (1994, AA IV. S. 436).

also ein Verhalten (eine Haltung) der Entscheidung, begründet in der Mitte in Bezug auf uns, einer Mitte, die durch Vernunft bestimmt wird und danach, wie sie der Verständige bestimmen würde."[34]

Ausgehend von dieser Explikation kann die Theorie entwickelt werden, dass Verstandeswesen rational und moralisch dazu verpflichtet sind, für ihre eigenen Interessen einzutreten und somit auch und gerade für eine persönliche Nachhaltigkeit. Eine derartige Konstellation unter Einbeziehung der ureigenen Dimension von Nachhaltigkeit führt zu keinen gesellschaftlichen Ausschlussmechanismen in der Gesamtbetrachtung ressourcenschonender Entwicklung. Ganz im Gegenteil unterstützen selbst regulierte Motive das Wir-Gefühl und führen zu einer höheren Akzeptanz, die Interessen der Allgemeinheit anzuerkennen und initiativ zu werden. Rein idealistisch befunden, wäre es opportun, wenn der Geist der Toleranz die Willensbekundung eigenständiger Personen bei dem Nachhaltigkeitsdiskurs legitimiert:

- Individualist und nichtsdestoweniger Teil der Gesellschaft.
- Outsider und zugleich Insider.
- Freigeist und dennoch mehrheitsfähiger Jasager.
- Opportunist und ebenfalls Sympathisant.
- Separatist und gleichwohl Teil des Ganzen.
- Ich-Sein und gemeinschaftlich Euch-Zugehörig.

---

[34] Aristoteles (2002, S. 141).

Schlussbetrachtungen 5

Dieser Beitrag zielte darauf ab, einen Entwurf für persönliche Nachhaltigkeit (Personal Sustainability) angesichts der Vielschichtigkeit der Debatte auszuarbeiten, um den Bedürfnissen und Lebenslagen der Individuen gerecht zu werden. Außerdem wurde gezeigt, dass durch die neue Dimension das Interesse an nachhaltigem Engagement zur Rettung des Planeten Erde deutlich steigen kann.

Aus den Ausführungen kann die Schlussfolgerung gezogen werden, dass neben der sozialen, ökologischen und ökonomischen Nachhaltigkeit eine Personal Sustainability als ein übergeordnetes Ziel zur Förderung des nachhaltigen Friedens und Wohlstands und zum Schutz unseres Planeten bei den Vereinten Nationen einzuführen und zu etablieren ist. Wichtig ist: Die fundamentale Herausforderung schließt nicht Gemeinschaftsbezüge zu den sozialen, ökologischen und ökonomischen Zielen aus, sondern ergänzt diese. Denn hier handelt es sich nicht um eine Außenperspektive, nachdem die weltumspannende Konnektivität zwischen persönlichen Netzwerken sowie die individuelle Verbundenheit offensichtlich ist. Dies wird deutlich bspw. bei Umweltkatastrophen, Kriegen und Terroranschlägen oder sofern eigene Kinder heranwachsen, auf die enge Zusammengehörigkeit mit den Generationen Y und Z.

Betrachtet man den Grundtenor der Ausführungen, so ist eine Anerkennung der Persönlichkeit als Einzelwesen mit persönlichen Nachhaltigkeitszielen eindeutig vonnöten. Kurzum: Die Vereinten Nationen sollten in den Sustainable Development Goals festschreiben, dass Einzelwesen in persona willentliche Verantwortung gegenüber Körper, Seele und Geist übernehmen und dabei individuelle Bedürfnisse und Prioritäten setzen. Und dadurch das eigene Leben aus dem Innern der Menschenwürde interessenpolitisch, ressourcenschonend und sozial förderlich gestalten.

Spätestens hier wir deutlich, dass bei einer kurzen Abhandlung lediglich eine erste Skizze für nachhaltigkeitskennzeichnende und werttheoretische Aspekte

© Der/die Autor(en), exklusiv lizenziert an Springer Fachmedien Wiesbaden GmbH, ein Teil von Springer Nature 2022
A.-J. Hermanni, *Personal sustainability,* essentials,
https://doi.org/10.1007/978-3-658-37989-6_5

vorgelegt werden kann. Die artikulierten Sachverhalte und Erkenntnisse legen es nahe, sich auf einen Diskurs einzulassen, um einerseits traditionelle Herangehensweisen zu analysieren und um andererseits in konzertierten Aktionen unterschiedlicher Generationen, Kulturen und Konzepte zeitgemäße Sichtweisen zu ermöglichen. Vor allem ist in theoretischer Hinsicht u. a. aus dem Blickwinkel der politischen Philosophie zu klären, welche Themenbereiche unter Personal Sustainability zu betrachten sind. Die Unbestimmtheit lässt es erforderlich erscheinen, diese Herausforderung zu definieren und qualifizierte Inhalte verbindlich festzulegen. Zumal für eine solche Debatte Anzeichen vorliegen, dass folgende Ansätze bzw. Werthaltungen für eine gründliche Auseinandersetzung prädestiniert sind:

- Menschenwürdige Autonomie
- Individuelle Entscheidungsfreiheit
- Moralische und soziale Aspekte von Einzelpersönlichkeiten
- Personalisierte Balance von Arbeit und Freizeit
- Eigenverantwortliche Ressourcennutzung
- Selbstbestimmtes Handeln
- Identitätsstiftende Arbeitsatmosphäre (vgl. Abb. 5.1)

Ob und in welchem Ausmaß eine persönliche Nachhaltigkeit beansprucht wird, sollte in allen Ehren jeder Mensch für sich entscheiden können. Aus all den vorgetragenen Gründen stellt sich ad ultimum eine zentrale Frage: Ist es gemäß gesellschaftlichen und politischen Ordnungen sowie Normen zwischenstaatlicher Organisationen moralisch zulässig, gerechtfertigt und legitim, bei der Regelung von Sustainable Development Goals die persönlichen auszuklammern?

In letzter Konsequenz bleiben die Ziele der Nachhaltigkeit nicht nur eine private Angelegenheit oder die von engagierten Organisationen, sondern müssen vor allem als öffentliche Aufgabe erfasst werden. Um auf Dauer bestehen zu können, sind Individuen, Gesellschaften und Organisationen auf staatliche Arrangements angewiesen, die erforderliche Rahmenbedingungen für eine nachhaltige Transformation festlegen. Wer außer dem Staat sollte bspw. Vorgehensweisen zur Kreislaufwirtschaft auf den Weg bringen, damit die zum Einsatz kommenden Materialien wiederverwertet werden können? Funktionieren kann das nur über einen veränderten Ansatz. Wenn Menschen über die persönliche Nachhaltigkeit ebenso ihre eigenen Pläne einbringen können und dahinter den Sinn erkennen, warum die Welt gerettet werden muss.

Man könnte zum Schluss der Veröffentlichung kaum besser argumentieren als *Bourgeois,* der zum Quasi-Gesellschaftsvertrag von *Rousseau* ein Resümee

ÖKOLOGISCHE NACHHALTIGKEIT

Weitsichtigen und
rücksichtsvollen Umgang mit
natürlichen Ressourcen; kein
Raubbau an der Natur.

ÖKONOMISCHE NACHHALTIGKEIT

Gewinnerwirtschaftung, ohne
dabei die dafür benötigten
Ressourcen langfristig zu
schädigen; nicht über eigene
Verhältnisse leben.

SOZIALE NACHHALTIGKEIT

Gleiche Chancen zur Existenz-
sicherung; Menschenwürdiges
Leben, u.a. Bekämpfung von
Arbeitslosigkeit, bessere
Bildung und Ausbildung.

PERSÖNLICHE NACHHALTIGKEIT

Menschenwürdige Autonomie,
individuelle
Entscheidungsfreiheit,
eigenverantwortliche Ressourcen-
nutzung, selbstbestimmtes
Handeln.

Abb. 5.1 Vier-Säulen-Modell der Nachhaltigkeit. (Quelle: Hermanni 2022)

zieht: „Die persönliche Freiheit des Menschen, das heißt die Fähigkeit, nach voller Entwicklung seines Ich zu streben, ist für die Entwicklung der Gesellschaft ebenso notwendig wie für die Entwicklung des Individuums. Daher darf sie keine anderen Grenzen kennen als jene, welche ihr von Natur aus das Bedürfnis nach gleicher Entwicklung, das heißt die persönliche Freiheit, der anderen Menschen entgegensetzt."[1]

---

[1] Bourgeois, Léon (2020). S. 53.

Was Sie aus diesem *essential* mitnehmen können

- Individuen haben eine gravierende Bedeutung für den Erfolg oder Misserfolg der Nachhaltigkeitsziele der Vereinten Nationen zur Ressourcen-Nutzung.
- Der Mensch als Einzelwesen spielt gegenwärtig mit seinen Ansprüchen und Besonderheiten eine untergeordnete Rolle bei der Umsetzung der Nachhaltigkeitsziele der Vereinten Nationen.
- Um auf ein breites Interesse für die SDG-Nachhaltigkeitsziele bei Bürgern mit durchschnittlichem Einkommen und durchschnittlicher Bildung zu stoßen, ist es erforderlich, die Bedarfe der sogenannten „Durchschnittsbürger" in die Agenda einzubinden.
- Die jungen Generationen fühlen sich bei dem Diskurs für nachhaltige Entwicklung nicht gehört und beteiligt sowie von der Politik im Stich gelassen.
- Die Strategien der Vereinten Nationen zur Nachhaltigkeitspolitik sind zu kontrollieren und zu modifizieren.

© Der/die Herausgeber bzw. der/die Autor(en), exklusiv lizenziert an Springer Fachmedien Wiesbaden GmbH, ein Teil von Springer Nature 2022
A.-J. Hermanni, *Personal sustainability,* essentials,
https://doi.org/10.1007/978-3-658-37989-6

Literatur

Aachener Stiftung. 2015. Drei-Säulen-Modell. In *Lexikon der Nachhaltigkeit.* https://www.nachhaltigkeit.info/artikel/1_3_a_drei_saeulen_modell_1531.htm. Zugegriffen: 18. Juli 2021.

Adorno, Theodor W. 1947. In *Bemerkungen zu „The Authoritarian Personality" und weitere Texte,* Hrsg. E.-M. Ziege, 67–70. Frankfurt a. M.: Suhrkamp.

Adorno, Theodor. 1963. *Vorlesung „Probleme der Moralphilosophie".* Frankfurt a. M.

Adorno, Theodor W. 1969. *Minima Moralia,* 22. Aufl., 57. Frankfurt a. M.: Suhrkamp.

Agyeman, Julian. 2016. Sustainability. In *Keywords for Environmental Studies,* Hrsg. J. Adamson, D. Gleason, und D. N. Pellow, 186–189. New York: University Press.

Ajzen, Icek. 1991. The theory of planned behavior. *Organizational Behavior and Human Decision Processes.* 50(2):179–211.

Alberti, Robert, und Michael Emmons. 1974. *Your Perfect Right. A Guide to Assertive Behaviour.* San Luis Obispo: Impact.

Anscombe, Gertrude Elisabeth M. 1957. *Intention,* 9–11. Harvard University Press (2000).

Anzenbacher, Arno. 1997. *Christliche Sozialethik,* 222. München: UTB.

ARD tagesschau. 2021. *Studie zu 14–29-Jährigen. Jugend nicht so grün wie gedacht.* https://www.tagesschau.de/inland/jugend-studie-klima-101.html. Zugegriffen: 16. Okt. 2021.

Aristoteles (ca. 330 v. Chr.). *Nikomachische Ethik.* Kapitel 6 in der Übersetzung von Gohlke, P. (1956). Nikomachische Ethik. Die Lehrschriften. Band 11, Buch V.

Aristoteles. 2002. *Die Nikomachische Ethik. Aus dem Griechischen und mit einer Einführung und Erläuterungen versehen von Olof Gigon,* 5. Aufl., 141. München.

Bertelsmann-Stiftung. 2007. *Work-Life-Balance. Meilenstein für eine zukunftsfähige Gesellschaft.* https://www.bertelsmann-stiftung.de/fileadmin/files/BSt/Publikationen/GrauePublikationen/GP_Work-Life-Balance_Meilenstein.pdf. Zugegriffen: 7. Juni 2021.

Bourgeois, Léon. 1904. Préface. In *Les applications sociales de la solidarité. Leçons professeés á l'École des hautes études sociales.* Paris: Alcan, III.

Bourgeois, Léon. 2020. *Solidarität. Von den Grundlagen dauerhaften Friedens,* 57. Berlin: Suhrkamp.

Boyle, Patricia A., Lisa L. Barnes, Aron S. Buchman, und David A. Bennett. 2009. *Purpose in Life is Associated with Mortality Among Community-Dwelling Older Persons.* https://journals.lww.com/psychosomaticmedicine/Abstract/2009/06000/Purpose_in_Life_Is_Associated_With_Mortality_Among.13.aspx und Alimujiang, Aliya, Boss Wiensch, und Jonathan et al. 2019. Association Between Life Purpose and Mortality Among US

© Der/die Herausgeber bzw. der/die Autor(en), exklusiv lizenziert an Springer Fachmedien Wiesbaden GmbH, ein Teil von Springer Nature 2022
A.-J. Hermanni, *Personal sustainability,* essentials,
https://doi.org/10.1007/978-3-658-37989-6

Adults Older than 50 Years. https://jamanetwork.com/journals/jamanetworkopen/fullar
ticle/2734064. Zugegriffen: 21. Febr. 2022.

Brudermann, Thomas. 2010. *Massenpsychologie. Psychologische Ansteckung, Kollektive Dynamiken, Simulationsmodelle.* Wien: Springer.

Bude, Heinz. 2019. *Solidarität. Die Zukunft einer großen Idee,* 13 und 15. München: Hanser.

Bundesministerium der Justiz und für Verbraucherschutz. 1949. *Grundgesetz für die Bundesrepublik Deutschland.* Art 2. https://www.gesetze-im-internet.de/gg/BJNR000010949. html. Zugegriffen: 3. Mai 2021.

Carlowitz, Hans Carl von. (1732). *Sylvicultura oeconomica, oder Haußwirthliche Nachricht und Naturmäßige Anweisung zur wilden Baum-Zucht.* Leipzig: Braun.

Carstens, Peter. 2018. *Grüne Produkte. Warum nachhaltiger Konsum nicht funktioniert: 14 Thesen.* https://www.geo.de/natur/nachhaltigkeit/19468-rtkl-gruene-produkte-warum-nachhaltiger-konsum-nicht-funktioniert-14. Zugegriffen: 11. Nov. 2019.

Celikates, Robin, und Stefan Gosepath. 2009. *Philosophie der Moral. Texte von der Antike bis zur Gegenwart,* 10. Frankfurt a. M.: Suhrkamp.

Countrymeters. o. J. Weltbevölkerungsuhr der Deutschen Stiftung Weltbevölkerung. https://countrymeters.info/de/World. Zugegriffen: 12. März 2022.

Davis, Douglas D., und David W. Harless. 1996. *Group vs. Individual Performance in a Price-Searching Experiment,* Bd. 66, No. 2, 215–227. Virginia Commonwealth University.

Deloitte. 2022. CxO Sustainablity Survey 2022. *Nachhaltigkeit zwischen Anspruch und Wirklichkeit.* https://www2.deloitte.com/de/de/pages/sustainability1/articles/cxo-sus tainability-survey-2022.html?id=de:2ps:3gl:4cxo-sustainability-survey-2022::6con: 20220209:&gclid=CjwKCAiAyPyQBhB6EiwAFUuakoNMbyy7JJxYIFZGnNnkwFiz uJuqm-0r3PAB7Szhk0zXrsvK97iU7RoCkjUQAvD_BwE. Zugegriffen: 3. Apr. 2022.

Deutscher Bundestag. o. D. *Was ist Nachhaltigkeit?* https://www.bundestag.de/ausschuesse/ weitere_gremien/ParlamentarischerBeiratNachhaltigkeit/basisinformationen/nachhalti gkeit-554556. Zugegriffen: 2. Mai 2021.

Diels, Hermann, und Walther Kranz, Hrsg. 2020. *Die Fragmente der Vorsokratiker. Unveränderte Neuauflage.* 80A26 = *Platon, 267d.* Hildesheim: Weidmann.

Dorsch Lexikon der Psychologie. o. J. *Individualität.* https://dorsch.hogrefe.com/stichwort/ individualitaet. Zugegriffen: 22. Juli 2021.

Dorsch Lexikon der Psychologie. o. J. *Verhaltensebene.* https://dorsch.hogrefe.com/stichw ort/verhaltensebene. Zugegriffen: 12. Jan. 2022.

Drucker, Peter F. 1954. *The Practice of Management.* New York: Harper.

Economist Intelligence. 2022. *Democracy Index 2021. The China Challenge,* 34–36. London.

Elias, Norbert. 1997. *Über den Prozess der Zivilisation. Soziogenetische und psychogenetische Untersuchungen. Band 2. Wandlungen der Gesellschaft. Entwurf zu einer Theorie der Zivilisation,* 464. Frankfurt a. M.: Suhrkamp.

Engel, Stephan, und Arndt Pechstein. 2021. Von Sustain-Ability zu Life-Ability. In *Future Skills, 30 zukunftsentscheidende Kompetenzen und wie wir sie lernen können,* Hrsg. Peter Spiegel, et al., 228. München: Vahlen.

Erdgipfel. (1992). *UN-Konferenz für Umwelt und Entwicklung (UNCED).* Rio de Janeiro (Brasilien).

Fishbein, Martin, und Icek Ajzen. 2009. *Predicting and Changing Behavior: The Reasoned Action Approach.* New York: Taylor & Francis.

Flaßpöhler, Svenja. 2021. *Sensibel,* 207. Klett-Cotta.

Foot, Philippa R. 2001. *Natural Goodness.* Oxford: Clarendon Press.

Frankfurt, Harry G. 1971. Freedom of the will and the concept of a person. *The Journal of Philosophy* 68:5–20.

Freud, Sigmund. 1930. *Das Unbehagen in der Kultur,* 42. Wien: Internationaler Psychoanalytischer. file:///C:/Users/info/AppData/Local/Temp/Freud-Das_Unbehagen_in_der_Kultur-1(1).pdf. Zugegriffen: 10. Dez. 2021.

Freud, Sigmund. 1994. *Das Unbehagen in der Kultur und andere kulturtheoretische Schriften,* 29–108. Frankfurt a. M.: Mit einer Einleitung von Alfred Lorenzer und Bernard Görlich.

Gardner, Howard. 2007. *5 Minds for the Future.* New York: McGraw-Hill.

Generalversammlung der Vereinten Nationen. (2015). *Tageordnungspunkte 15 und 116.* New York.

Global Compact Netzwerk Deutschland. o. J. United Nations Global Compact. https://www.globalcompact.de/ueber-uns/united-nations-global-compact. Zugegriffen: 3. Apr. 2022.

Goncalo, Jack A., und Barry M. Staw. (2006). *Individualism – Collectivism and Group Creativity.* Zugegriffen: 5. Febr. 2022.

Grassl, Herbert. 2012. *Zum Problem der Nachhaltigkeit in der Ressourcenausbeutung im Altertum.* In *Die Schätze der Erde. Natürliche Ressourcen in der Antiken Welt. Stuttgarter Kolloquium zur Historischen Geographie des Altertums 10 (2008),* Hrsg. E. Olshausen und V. Sauer (2008), 28. Stuttgart: Geographica Historica.

Große Kracht, Hermann-Josef. 2021. *Solidarität zuerst. Zur Neuentdeckung einer politischen Idee,* 9 und 13–14. Bielefeld: Transcript.

Grunwald, Armin. 2012. *Ende einer Illusion. Warum ökologisch korrekter Konsum die Welt nicht retten kann.* München: Oekom. https://www.goethe.de/de/kul/ges/20367182.html. Zugegriffen: 3. März 2022.

Habermas, Jürgen. 1991. Vom pragmatischen, ethischen und moralischen Gebrauch der praktischen Vernunft. In *Erläuterungen zur Diskursethik,* Hrsg. ders., 100–118. Frankfurt/M.: Suhrkamp.

Habermas, Jürgen. 2009. *Diskursethik. Zur Systematik praktischer Diskurse,* 360–381. Frankfurt a. M.: Suhrkamp.

Habermas, Jürgen. 2017. *Europa neu denken.* Diskussion zwischen Jürgen Habermas, Sigmar Gabriel und Emmanuel Macron am 16. März 2017 in der Hertie School of Governance, moderiert von Henrik Enderlein. *Blätter für deutsche und internationale Politik* 4:41–54.

Habermas, Jürgen. 2021/2022. Es gibt keine unbeweglichen Identitäten. In *Philosophie Magazin. Kritische Theorie. Gibt es ein richtiges Leben im falschen?,* 13.

Hare, Richard M. 1952. *Die Sprache der Moral,* 19. Frankfurt a. M.: Suhrkamp (2016).

Haufe-Lexware. 2020. *Studie Digitalisierung und Selbstorganisation als Schlüssel zum Erfolg.* https://www.haufe.de/personal/hr-management/studie-selbstorganisation-als-ele mentare-kompetenz_80_507310.html. Zugegriffen: 3. Mai 2021.

Hegel, Georg Wilhelm Friedrich. 1979. *Phänomenologie des Geistes. Kap. Selbständigkeit und Unselbständigkeit des Selbstbewußtseins. Herrschaft und Knechtschaft,* Bd. 3, 145–155. Frankfurt a. M.: Suhrkamp.

Heidegger, Martin. 2006. *Sein und Zeit,* 19. Aufl., 7. Tübingen: Niemeyer.

Hermanni, Alfred-Joachim. 2022. *Business Guide für strategisches Management.* Wiesbaden: Springer.

Hobbes, Thomas. 2019. Leviathan. In *Philosophie der Moral,* Hrsg. Robin Celikates und Stefan Gosepath, 129. Frankfurt a. M.: Suhrkamp.

Höfling, Wolfram. 2014. *Würde, Autonomie, Selbstbestimmung. Statement aus verfassungsrechtlicher Perspektive.* https://www.ethikrat.org/fileadmin/PDF-Dateien/Veranstaltungen/plenarsitzung-27-11-2014-hoefling-ppt.pdf. Zugegriffen: 12. Juni 2021.

Hofstede, Geert. 1980. *Culture's Consequences. International Differences in Work-Related Values.* London and Beverly Hills: Sage.

Hofstede, Geert. 2001. *Culture's Consequences. Comparing Values, Behaviors, Institutions and Organizations Across Nations,* 2. Aufl. Thousand Oaks: Sage.

Honneth, Axel. 2021/2022. Arbeit und Demokratie sind Gegenwelten. In *Philosophie Magazin. Kritische Theorie. Gibt es ein richtiges Leben im falschen?,* 73.

Horkheimer, Max, und Theodor W. Adorno. 1947. *Dialektik der Aufklärung. Philosophische Fragmente.* Amsterdam: Querido.

House, Robert J., Paul J. Hanges, Mansour Javidan, Peter W. Dorfman, und Vipin Gupta, Hrsg. 2004. *Culture, Leadership, and Organizations. The GLOBE Study of 62 Societies.* Thousend Oaks: Sage.

Hülser, Karlheinz, Hrsg. 1991. *Platon-Politeia. Griechisch und Deutsch.* Sämtliche Werke V. Frankfurt a. M. und Leipzig: Insel. Politea 433e.

Hupke, Klaus-Dieter. 2021. *Warum Nachhaltigkeit nicht nachhaltig ist,* VI. Berlin: Springer.

Institut der deutschen Wirtschaft Köln et al. 2018. *Resilienz-Kompass zur Stärkung der individuellen und organisationalen Resilienz in Unternehmen,* 3. Köln.

Jaeggi, Rahel. 2021/2022. Im Kapitalismus sind die Krisen schon angelegt. In *Philosophie Magazin. Kritische Theorie. Gibt es ein richtiges Leben im falschen?,* 56.

Jürgens, Kerstin, und Reiner Hoffmann, und Christina Schildmann. 2017. *Arbeit transformieren. Denkanstöße der Kommission „Arbeit der Zukunft".* Bielefeld: transcript.

Kals, Elisabeth, und Leo Montada. 1994. Umweltschutz und die Verantwortung der Bürger. *Zeitschrift für Sozialpsychologie* 25:326–333.

Kaschner, Tamara. 2016. Verantwortung. In *Psychologie der Werte,* Hrsg. D. Frey, 237–245. Berlin: Springer.

Kant, Immanuel 1986. *Grundlegung zur Metaphysik der Sitten.* Ditzingen: Reclam.

Kant, Immanuel 1994. *Grundlegung zur Metaphysik der Sitten.* Hamburg: Meiner.

Köper, Birgit, und Götz. Richter. 2016. Restrukturierung und Gesundheit. In *Fehlzeiten-Report 2016. Unternehmenskultur und Gesundheit. Herausforderungen und Chancen,* 159–170. Wiesbaden: Springer.

Kommission der Europäischen Gemeinschaften. 2001. *Grünbuch Europäische Rahmenbedingungen für die soziale Verantwortung der Unternehmen.* Brüssel.

Laux, Lothar, und Astrid Schütz. 1996. *Wir, die wir gut sind: Die Selbstdarstellung von Politikern zwischen Glorifizierung und Glaubwürdigkeit.* München: dtv.

Le Bon, Gustave. 2009. *Psychologie der Massen.* Hamburg: Nikol.

Lévinas, Emmanuel. 1961. *Totalité et infini. Essai sur l'extériorité. Deutsche Ausgabe: Totalität und Unendlichkeit (2016). Versuch über die Exteriorität.* Freiburg: Karl Alber.

Locke, Edwin A., Diana Tirnauer, Quinetta Roberson, Barry Goldman, Michael E. Latham, und Elisabeth Weldon. 2001. The importance of the individual in an age of groupism. In *Groups at Work: Theory and Research,* Hrsg. M. Turner, 501–528. Mahway: Erlbaum.

Lukács, Georg. 2013. *Geschichte und Klassenbewusstsein.* Bielefeld: Aisthesis.

Machiavelli, Niccolò. 1978. *Der Fürst. Übers. und hrsg. von R. Zorn,* 6. Aufl., 170–175. Stuttgart: Kröner.

MacIntyre, Alasdair. 1987. *Der Verlust der Tugend. Zur moralischen Krise der Gegenwart.* Frankfurt a. M.: Campus.

Mackie, John L. 1977. *Ethics. Inventing Right and Wrong.* New York: Viking Press.

Mill, John Stuart. 1861. *Der Utilitarismus. Übersetzt von Dieter Birnbacher*, 13–31. Stuttgart: Reclam (1985).

Neckel, Sighard, Natalia Besedovsky, Moritz Boddenberg, Martina Hasenfratz, Sara Pritz, und Timo Wiegand. 2018. *Die Gesellschaft der Nachhaltigkeit: Umrisse eines Forschungsprogramms (Sozialtheorie).* Bielefeld: transcript.

Nietzsche, Friedrich. 1980. *Kritische Studienausgabe in 15 Bänden. Menschliches, Allzumenschliches. Achtes Hauptstück. Ein Blick auf den Staat. 438.* Berlin: de Gruyter.

Norton, Thomas A., Hannes Zacher, und Neal M. Ashkanasy. 2014. Organisational sustainability policies and employee green behavior: The mediating role of work climate perceptions. *Journal of Environmental Psychology* 38(49–54):7. https://doi.org/10.1016/j.jenvp. 2013.12.008.Abgerufenam03.04.2022.

OECD. 2020. *OECD Lernkompass 2030. OECD-Projekt Future of Education and Skills 2030 Rahmenkonzept des Lernens*, 11. Paris.

Opielka, Michael. 2016. Soziale Nachhaltigkeit aus soziologischer Sicht. *Soziologie* 45(1)::38.

Orbis. o. J. *Übersicht – Orbis ist die Ressource für Unternehmensdaten.* https://www.bvdinfo. com/de-de/unsere-losungen/daten/international/orbis. Zugegriffen: 5. Jan. 2022.

Pfister, Hans-R., Helmut Jungermann, und Katrin Fischer. 2017. *Die Psychologie der Entscheidung. Eine Einführung*, 4. Aufl., 8. Heidelberg: Springer.

PwC. 2020. *PwC-Studienreihe „PwC Europe Consumer Insights".* https://www.pwc.de/de/ handel-und-konsumguter/so-tickt-die-generation-z.html. Zugegriffen: 14. Mai 2021.

Rawls, John. 1980. Kantischer Konstruktivismus in der Moraltheorie. In *Rawls: Die Idee des politischen Liberalismus*, Hrsg. von Wilfried Hinsch, 86 f. Frankfurt a. M. (1992).

Rogers, Carl R. 1987. *Der neue Mensch*, 3. Aufl., 69. Stuttgart: Klett-Cotta.

Rousseau, Jean-Jacques. 2010. Du contrat social ou Principes du droit politique. Vom Gesellschaftsvertrag oder Grundsätze des Staatsrechts. In *Reclams Universal-Bibliothek*, Bd. 18682. Stuttgart: reclam.

Rousseau, Jean-Jaques. 2019. *Abhandlung über den Ursprung und die Grundlagen der Ungleichheit unter den Menschen*, 62. Stuttgart: Reclam.

Russel Reynolds Associates. 2022. *Trennlinien und Erträge Deutschland. Führen für eine nachhaltigere Zukunft*, 2. München.

Santos, Henri C., Michael E. W. Varnum, und Igor Grossmann. 2017. Global Increases in Individualism. *Psychological Science* 28(9):1228–1239.

Sartre, Jean-Paul. 1985. *Das Sein und das Nichts. Versuch einer phänomenologischen Ontologie*, 953 f. Reinbek bei Hamburg: Rowohlt.

Scheler, Max. 1913/1916. *Der Formalismus in der Ethik und die materiale Wertethik.* Halle an der Saale: Max Niemeyer.

Schmuck, Peter. 2018. Nachhaltigkeit in der Lokalpolitik: Interviews mit deutschen Bürgermeistern nachhaltiger Kommunen. In *Psychologie und Nachhaltigkeit. Konzeptionelle Grundlagen, Anwendungsbeispiele und Zunftsperspektiven*, Hrsg. Claudia Thea Schmitt und Eva Bamberg, 223. Wiesbaden: Springer.

Schnetzer, Simon. 2019. *Junge Deutsche-die-Studie. Die Lebens- und Arbeitswelt der Generation Z & Y.* https://simon-schnetzer.com/wp-content/uploads/2019/03/Highlights-Stu

die-Junge-Deutsche-2019-GenerationZ-GenerationY-Simon-Schnetzer-Jugendforscher. pdf. Zugegriffen: 3. Juli 2021.

Schnetzer, Simon. 2021. *Junge Deutsche*. Die Studie. www.jungedeutsche.de. Zugegriffen: 12. Sept. 2022.

Schwartz, Shalom H., und Judith A. Howard. 1981. A normative decision-making model of altruism. In *Altruism and Helping Behavior. Social, Personality, and Developmental Perspectives*, Hrsg. J. Philippe Rushton und Richard M. Sorrentino, 189–212. Hillsdale: Erlbaum.

Shklar, Judith N. 2013. Der Liberalismus der Furcht. Auszug. *Philosophie Magazin, Sammelbeilage* 61:06.

Smith, Adam. 2010. *Theorie der ethischen Gefühle*, 5. Hamburg: Meiner (Original: The Theory of Moral Sentiments (1759)).

SPD. 2007. *Hamburger Programm. Grundsatzprogramm der Sozialdemokratischen Partei Deutschlands*, 14–15.

Stern, Paul C. 2000. Toward a coherent theory of environmentally significant behavior. *Journal of Social Issues* 56(3):416–417.

Süß, Dietmar, und Cornelius Torp. 2021. *Solidarität. Vom 19. Jahrhundert bis zur Corona-Krise*, 8. Bonn: Dietz.

Thommen, Lukas. 2011. Nachhaltigkeit in der Antike? Begriffsgeschichtliche Überlegungen zum Umweltverhalten der Griechen und Römer. In *Beiträge zum Göttinger Umwelthistorischen Kolloquium 2010–2011*, Hrsg. V. B. Herrmann, 9–24. Göttingen.

Trendence Absolventenbarometer. 2020. https://www.trendence.com/. Zugegriffen: 15. Jan. 2022.

Twenge, Jean M., W. Keith. Campbell, und Brittany Gentile. 2012. Generational increases in agentic self-evaluations among American college students, 1966–2009. *Self and Identity* 11:409–427. https://doi.org/10.1080/15298868.2011.576820.Abgerufenam12.11.2021.

UN Documents. 1987. *Gathering a Body of Global Agreements. Report of the World Commission on Environment and Development: Our Common Future*. Dokument A/42/427, *Our Common Future, Chapter 2: Towards Sustainable Development*. New York.

Umweltbundesamt. 2017. *Grüne Produkte in Deutschland 2017. Marktbeobachtungen für die Umweltpolitik*, 52. https://www.umweltbundesamt.de/sites/default/files/medien/1410/publikationen/171206_uba_fb_gruneprodukte_bf_low.pdf. Zugegriffen: 12. Dez. 2021.

UN DESA. 2019. *World Population Prospects 2019*. New York: UN. https://population.un.org/wpp/. Zugegriffen: 17. Apr. 2022.

UNEP. 2006. *Finance Initiative. Innovative Financing for Sustainability*. Geneva.

Vereinte Nationen. 1945. *Die Charta der Vereinten Nationen*. https://unric.org/de/charta/. Zugegriffen: 17. Juli 2021.

Vereinte Nationen. 2002. Bericht des Weltgipfels für nachhaltige Entwicklung. *Johannesburg (Südafrika)*. A/Conf. 199/20 139:71.

Vereinte Nationen. o. J. *SDG-Ziel 1: Armut in all ihren Formen und überall beenden*. https://unric.org/de/17ziele/sdg-1/. Zugegriffen: 16. Febr. 2022.

Vereinte Nationen. 2002. *Bericht des Weltgipfels für nachhaltige Entwicklung*. Johannesburg (Südafrika).

Vodafone Stiftung Deutschland. 2022. *Pressemitteilung. Jugendstudie: 86 Prozent der jungen Menschen in Deutschland machen sich Sorgen um ihre Zukunft*. Berlin.

Watson, John B. 1925. *Behaviorism*. New York: W.W. Norton & Company.

Weber, Max. 1980. *Wirtschaft und Gesellschaft. Grundriss der verstehenden Soziologie.* Tübingen: Mohr.

Printed in the United States
by Baker & Taylor Publisher Services